王文娜 ◎主编

王文娜名师工作室

教育随笔合集

东北师范大学出版社

长 春

图书在版编目（CIP）数据

王文娜名师工作室教育随笔合集 / 王文娜主编. ——
长春：东北师范大学出版社，2021.5
ISBN 978-7-5681-8049-8

Ⅰ.①王… Ⅱ.①王… Ⅲ.①小学教育—教育工作—
文集 Ⅳ.①G62-53

中国版本图书馆CIP数据核字（2021）第084559号

□责任编辑：石　斌　　　　　　□封面设计：言之凿
□责任校对：刘彦妮　张小娅　　□责任印制：许　冰

东北师范大学出版社出版发行
长春净月经济开发区金宝街 118 号（邮政编码：130117）
电话：0431-84568115
网址：http：//www.nenup.com
北京言之凿文化发展有限公司设计部制版
北京政采印刷服务有限公司印装
北京市中关村科技园区通州园金桥科技产业基地环科中路 17 号（邮编：101102）
2021年5月第1版　　2021年6月第1次印刷
幅面尺寸：170mm×240mm　印张：14.75　字数：238千

定价：45.00元

编 委 会

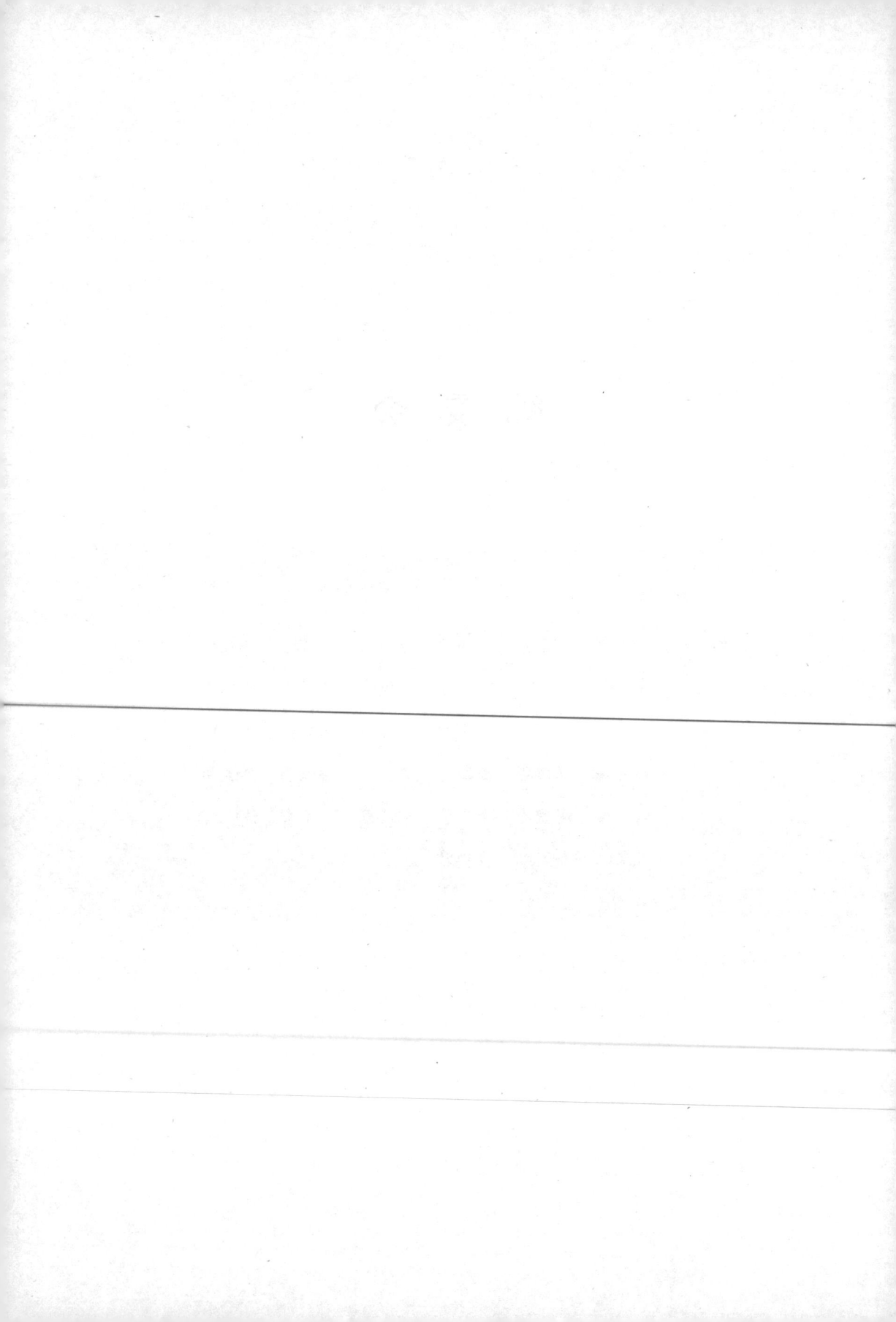

目 录
CONTENTS

木棉湾学校

深圳实验承翰学校

德兴小学

吉祥小学

科技城外国语学校

可园学校

南湾实验小学

沙塘布学校

石芽岭学校

王文娜
名师工作室教育随笔合集

文景小学

下李朗小学

贤义外国语学校

信义实验小学

布吉阳光小学

布吉街道中心小学

目
录

木棉湾学校

"花开堪折直须折，莫待无花空折枝"

——如何对待课堂的"节外生枝"

王文娜

"花开堪折直须折，莫待无花空折枝。"这句话的本意是指那盛开的鲜花，要及时折取。如果折取不及时，等到春残花落之时，就只能折取花枝了。联想我们的课堂教学，新的课程、新的理念下的课堂一定会有生成之美，一定会让我们遭遇"节外生枝"。但是，遇到了美的自然的生成，如果不抓住时机及时发掘，我们又怎能采摘来自学生思维的花朵呢？

那么，我们的教学是执行预设的教案还是抓住课堂生成的资源促进学生的发展呢？多年来，我们已经习惯了根据自己设计的思路进行教学，在课堂上一旦遭遇"节外生枝"，便千方百计地把学生拉到既定的教学思路上。这明显违背了"以生为本"的教育理念。可是，如何处理，却是我们每一位执教者必须直面的问题。

一位年轻教师执教二年级上册"用6～9的口诀求商"，教师制作了精美的课件，创设了长颈鹿和小鸟造房子的生活情境，引入新课，完全符合低年级学生的年龄特征和认知水平，并放手让学生自己发现信息，尝试独立解决问题，然后小组内交流不同的算法。学生思维活跃，探究活动扎实有效，学生得出了解决"$42 \div 6 = ?$"的问题的多种策略。不能不说教师的理念新，学生参与度高，教学目标达成的意识很强。可是，在探究完主题活动后，为了培养学生的读图能力和发现问题及提出问题的能力，教师就引导学生：你还能提出什么数学问题呢？学生思维活跃，纷纷高举小手，迫不及待地发言。一位小女生的回答特别有价值：每6只小鸟住一间房子，7间房子可以住多少只小鸟？接着，一位小男生也不甘示弱：把42只小鸟平均放在2间房子里，每间房子里放多少只小鸟？多么有价值的两个问题，虽然没有太明确地指向教学目标，但毕竟是孩子思维火花的碰撞……教师对两个学生的回答稍加肯定后，就让他们坐下了。接着又提问了两个学生，似乎都没能按照教师的预设问题来进行。最后，由教师抛出预设的问题，引导学生解决。这似乎很完美，在规定的时间内，按照教师完美的预设一步一步地进行，可是，孩子呢？试想一下，那几位提问的学生的内心，他们提出问题的时候是多么自信满满，在被老师"冷处理"后，我想他们的内心是失落的，就像一朵盛开的鲜花等待路人的折取，而路人却视而不见！

　　这样看来，在处理课堂生成的问题上，这位教师的方式过于简单了。多好的资源，浪费了真是可惜。教师要抓住课堂生成的问题来展开教学，我想，从学生出发的教学才是真正的教育，有思维碰撞的课堂才是真正的课堂，教学不仅仅是教学展示。

让学生站在舞台正中央

—— 一名后进生的蝶变之路

王文娜

    班主任是多种角色的综合体，孩子的成长之路因为有了我们才变得踏实稳健，不同的孩子又因家庭环境的不同会产生不同的学习境界。作为一位有爱的教师，我们应该为学生想，想学生之所想，才能让学生成为一个幸福的人，体会到教育带来的滋养。王文湛教授曾经说过："教学生六年，想学生十六年，看学生六十年。"教育给学生带来的持久性影响是不可估量的，这需要每一位教师尤其是每一位班主任心存学生，处处以学生为本，发现每一个学生的闪光点，始终让学生站在舞台正中央，这样，学生一定可以舞动出最美好的旋律！

    刘同学，一个沉默寡言的孩子，刚入一年级，从不和任何同学说话交流，而且每次上课也不抬头看黑板，我多次叫他的名字，他从来都不理我。我当时很生气，心想：这孩子为何如此固执呢？基于这种情况，我主动联系了他的父母，他父亲说这孩子出生时早产，脑缺氧，所以不爱说话，不喜欢和人交流；他父亲还告诉我，让他坐在班里就行，只要不磕着碰着，学不学知识都行……我听了，一种莫名的痛涌上心头。不，怎么可能就这么轻易地放弃一个花儿一样的少年？不，我是一名教师，有责任、有义务去唤醒我的学生！

    于是我制订了计划：一个月之内让他露出笑脸，能和同学共同玩耍。我留心观察：他下课喜欢一个人叠小纸片，看形状像是在叠纸飞机，于是我就主动来到他的身边，也进行折叠，我一直坚持和他同步，故作自己不会，请他当我的老师，让他教我怎么折叠。只见他有条不紊地折着，教我的每一个步骤都很详细，于是我就拜他为师，他高兴得手舞足蹈。每次折完，我都会在上课时对他进行鼓励、表扬，而且让他把折叠好的东西放在班内指定的位置让大家参观、学习。我还主动发动我们班的小班干部，向他学习折叠，然后再教给班上的每个学生。班内掀起了折叠的高潮。他看到每个同学都在模仿他、学习他，就连老师也拜他为师，心里高兴极了。从他的眉宇和向上翘起的嘴角我断定他的内心一定充满了希望，于是我抓住这一契机，在这个阶段特意安排了一个活动——折叠大赛，并且邀请他的父母参加。

功夫不负有心人。在大赛中，他以娴熟的动作认真地折叠，获得了第一名的好成绩。我为他发奖，同学们掌声鼓励他，他的父母也发表了感言……这一刻，他终于开心地笑了！是啊，花儿就这么在浇灌、培养中绽放了。接下来，我把在活动中拍的照片和视频在班会课上进行展示，这样既坚定了孩子的意志又增强了孩子的信心，与此同时他的家长也不再轻言放弃自己的孩子了。就这样，我坚持了四年，一直陪在他身边……

现在这个孩子已基本上和正常孩子一样了，上课积极举手回答问题，认真做作业，下课和同学一起玩耍、做游戏，尤其是每天上学、放学总会来到我身边，握握我的手向我问好。

在别人眼里，这也许只是一个平常的举动，但我和他是那种心灵的沟通——鼓励、赞扬、感激。我知道，他一个小小的举动，无声胜有声，却饱含了对老师无尽的感激；我也知道，我只是用自己一点微不足道的爱与关心，坚持了不放弃每一个学生的教育信条。我感恩自己是名教师……

永不放弃是我的追求，关注每个学生是我的信念，我会一如既往地走下去，用心浇灌，我期待迟开的花朵，渴望拯救落下的灵魂，直至每个学生都能成为舞台的小主人……是啊，这就是一个学生潜在的能力，只要他是一粒种子，我们就要用心、耐心地去呵护他、浇灌他、培养他，相信终有一天他会悄悄地绽放！不要把他丢在舞台的角落里不管不问，要让他站在舞台正中央，让所有的光环都笼罩着他，给他鼓励、安慰、信心，让他茁壮成长！

木棉湾学校

老师，我不特殊！

王文娜

　　区小学数学素质检测，我和另一名数学教师被派到一所兄弟学校监考，分完工拿到试卷，我们就进入考场。这是一场四年级的数学考试，来到教室，首先看到的是独具匠心的班级文化以及35位花儿一样的少年！教室里的每一处都彰显出班主任的教育智慧和信仰。班主任手里提着一大包橡皮，正在为每个学生分发橡皮，做考前准备，对待学生如此细致入微，我想这正是作为一名教师的光辉所在！

　　班主任发完了橡皮，又认真地叮嘱了学生几句关于考试的注意事项就离开了。开始分发答题卡，我负责督促学生完整地填写考号和姓名，另一位教师负责帮学生贴条形码，我巡视了一圈后刚站到讲台上，就听第一排的一位小女生报告："老师，××用橡皮把条形码涂掉了。"这还了得，要知道涂掉条形码，电脑是读不出学生的考试成绩的。我赶紧循声望去，只见第二排一位白白净净的小男生，低着头，满脸通红，一副无奈的表情，两只手互相揉搓着，非常无助！我走到他身边，轻轻地伏下身子，拉住他的小手问道："孩子，能告诉老师这是为什么吗？"做了十几年班主任的我，非常清楚地意识到，这肯定不是一个一般的孩子，不能简单粗暴地解决问题。还没等我问完话，打报告的小女生就抢过话说："老师，他是一个特殊学生！""我不是，你才特殊呢！我是涂学号时不小心擦到了条形码！"小男生气急败坏地据理力争。我赶紧控制住局面，看了看表，离开考还有点时间，我扶起小男生，拉着他的小手来到了走廊，与他进行了简短的沟通，我问他："平时能考多少分？"他自信地回答道："能考80多分，有时候能考90多分。老师，我不是特殊学生，他们总爱说我特殊，我真的是不小心才误擦了条形码。""孩子，我相信你！这样吧，你先平静一下心情好好考试，争取拿到最好的成绩。""可是，老师……那我考再好不都没成绩吗？"小男生显得有些忧心忡忡。"这个问题交给老师来处理吧，我给你写个说明，你只管安心考试，可以吗？还有，以后你要努力向大家证明你不'特殊'，我相信你一定知道该怎么做。"小男生长长地呼出了一口气，愉悦地回到教室等待考试。我分明看到了他的小脸上洋溢着幸福，在考试的过程中他还会时不时地向我投来会心的微笑。联系教务处，妥善处理了条形码的问题后，我的心久久不能平静。"老师，我不特殊！"这是一位平时被师生冠以特殊身份的孩子最长情的呼唤！

　　每个人都喜欢美好的事物。在教学工作中，不少教师往往对成绩好的学生特别偏爱，耐心指导，而对成绩不好的学生则漠然置之，甚至鄙视、嘲笑，极大地伤害了这些学生的自尊心。素质教育要求面向全体学生。也就是说，教师对学生必须"一视同仁"，公正地对待每一位学生，使全体学生得到发展。教育要用心。作为教师，我经常告诫自己：一定要平等对待学生，不要戴着有色眼镜看待学生，每个学生都是好孩子。我们身为教师，在课堂上更应该时刻观察、注意每个学生的内心世界。在教学中，我们应该分层施教，帮助学生在各自的基础上得到发展，针对不同层次学生的发展水平，提出不同层次的要求，使每个学生都能获得成功的喜悦。教师千万不要给所谓的"后进生"贴上特殊的"条形码"，那样就读不出孩子精彩的人生了！这让我突然想起李克强总理在《教育走得太快，请等等落下的灵魂》一文中提到的一句话："教育就像养花一样，一边养一边看，一边静待花开！"没有合适所有人的教育，任何人的成才方法和途径都是独一无二的！

教育反思：老师，您美颜了！

——趣谈数学课堂提问的指向性艺术

王文娜

教学趣味瞬间1：

在我执教的一节"生活中的比"数学公开课上，在新课导入环节，我创设了生活情境，为使情境的创设更贴近学生的生活，激发学生的兴趣，吸引学生的眼球，我把教材中淘气的照片换成了我自己的一张自拍照，并把这张照片在电脑上进行了处理，有按照比例缩小的，也有放大的，还有不按比例变形的。我想让学生更轻松愉悦地走进课堂。此情境的创设是为了让学生通过观察比较，发现照片的变形问题是由长和宽的变化导致的。

课件出示了几张照片后，我提出第一个问题："请同学们仔细观察这几张照片，你有什么发现？"学生1迫不及待地站起来回答："老师，我发现您美颜了！"话音刚落，学生和听课的教师哄堂大笑。我瞬间尴尬万分，赶紧稳定情绪，自认为完美收场："嗯，你真细心，居然还能发现老师用了美颜功能，看来，美颜后老师确实年轻了，我很开心！"学生1的小脸本来还很红，被我这样一说，立马像花儿一样绽放开来！

我调整策略，及时追问："那除了发现老师变美了，谁还能从数学的角度比较一下这几张照片的不同呢？"学生恍然大悟："照片的大小不同，有的照片变形了！"我心里一块石头终于落了地。"那请同学们猜想一下，为什么会出现这样的现象呢？和照片的什么变化有关系，才会导致变形呢？"这次的问题清晰、明了，学生争先恐后地回答："或许是照片的长和宽变化了，所以才会变形。"

课堂趣味瞬间2：

无独有偶，一位三年级数学教师的课堂"日历中的学问"，在创设了魔术游戏的情境后，又展示了9月份的日历表，让学生通过观察，找到日历中的表层信息和规律。教师提问："同学们，认真观察9月份的日历，你能发现什么？"学生积极观察思考，有的学生口中还念念有词，有的学生伸出小手指一个一个地数数，还有的学生拿出笔在算着什么。观察过后，开始汇报……

生1：老师，我发现了日历的前几天是空着的。（由于教师选取的是9月的日期，9月1日是从周四开始的，所以日历上8月的后几天是空着的。）

生2：后面也有一天是空着的。

生3：我发现每多一天星期几的数字也增加一天。

生4：我发现日历每多一天就加1，星期每多一周就加7天。

学生终于回答得有点靠谱了，这时教师及时调整问题，追问道："观察日历上1~30的数字，横着看你发现了什么？竖着看你发现了什么呢？"这次学生纷纷高举小手，完美地回答出了问题。

第一次的回答学生完全没在正确的思维导向上，问题出在哪里呢？是学生的观察能力和发现能力不强吗？我想绝不是。

从以上两个教学片段不难发现，不是学生不懂观察、不懂发现，而是教师的提问方式出现了偏差，提问的指向性不强，所以学生的回答才会天马行空，不着边际。第一个问题，如果换个问法："请同学们仔细观察，哪几张照片和原始照片比较像，哪几张不像呢？"指向性很强的问题能给学生的思维指明方向，就不会出现"美颜"的尴尬发现。同样，如果后一位教师注意提问的方式和指向性，把问题改为"请同学们观察一下，日历上的30个数字在排列上有什么规律呢？"指向性强，学生很容易发现横着看数字是逐个加1，竖着看数字是加7。这样的提问才是有效的。学生很容易按照正确的思维导向走进数学的世界！

课堂问题的设计要指向明确，表述要准确无争议。只有指向明确的问题，才能引发学生有效的思考和探索的欲望，使其一步步到达成功的彼岸。教师只有这样提问才能更好地为学生的学习行为服务，教师提出的问题才能成为学生真正希望探讨的话题。而指向不明确的问题则会把学生引到一个十字路口，学生会迷茫、无所适从，自然会影响课堂教学的有效性。

"老师，您好狡猾！"

——借书风波

王文娜

　　今天的数学课，我抱着一摞由我签名并写好寄语的励志图书走进教室。刚进教室，就被学生团团围住，有几个小调皮迫不及待地抢走了我怀中的书，有几分想先睹为快的冲动。看到学生好奇心十足，我借机宣布："老师今天为大家带来了'一盆营养丰富的鸡汤'——期中考试颁奖仪式现在开始！"学生这时才恍然大悟，原来我在兑现承诺，数学期中考考试满90分的学生都可以得到由教师签名的励志读本。要知道能得到由教师签名的励志读本，对学生来说是何等荣耀！

　　颁奖仪式在学生的欢呼雀跃中结束了，拿到奖品的学生的小脸像绽放的花朵，没得到奖品的学生眼神中充满了羡慕和期待！一节课结束，我抱着没有发完的奖品准备回办公室。这时，一个浓眉大眼的小男生拦住了我的去路，"老师，我也想要一本书"。我停住脚步，回头看到是班上的黄同学，只见他脸色通红，像做错了事，很不自在，眼神中充满了对我的期待和渴求。看着他可怜的小眼神，我想作为一名学生心目中可亲可敬的教师是无论如何也不忍心拒绝他的！但是，奖励就是奖励，如果没有原则，那还拿什么来激励学生？于是一个念头闪现……教育契机来了，就这么办！

　　"黄琨，你能告诉老师这书是用来干什么的吗？""我知道……用来……奖励90分以上的同学的。"他支支吾吾地回答道。"那你考了多少分？""老师，我只差了4分，考了86分。""嗯！不错的，那好像离目标还是差了点哟！"孩子听我这么说，没有软磨硬泡下去，但是，我明显地看到了他眼神中流露出的无奈和失望。当他正欲转身离去时，我叫住了他，说："孩子，其实你还是可以得到由老师签名的书的"。他停住了脚步，眼神中重新燃起希望的火花，"老师可以借给你！但是你欠了老师4分，期末考试是要加倍还给我8分，你有信心吗？愿意挑战自己吗？"听了我的话，他的小脸马上阴转晴，欣然点头保证："老师，谢谢您！您放心，我愿意接受挑战，期末一定考94分。""可是，口说无凭啊，要立字为证。你要给我写借条（见图1），并写上如果达不到怎么办，还要找一位成绩优秀的同学当担保人。"他赶紧拿出纸笔，写了"借条"，并找到班里的黄浩宇同学做担保。黄浩宇同学在"借条"上签上名字后，我因势利导："黄浩宇同学，你知道担保人的职责和义务吗？"黄浩宇挠了挠头，一脸茫然，不知道我葫芦里卖的是什么药。我说："既然做了担保，就有义务帮助黄琨同学达到目标，你有信心吗？如果期末可以还上欠老师的分，你也可以得到一份帮扶友爱奖。"黄浩宇考虑了片刻，信心满满地点了点头。

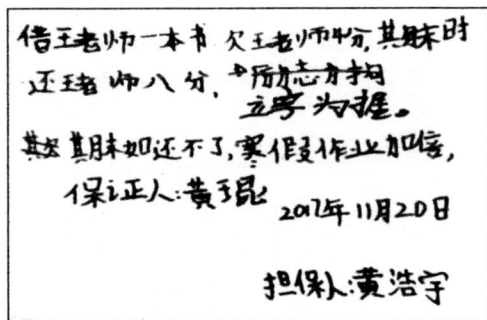

图1　黄琨同学的借条

"一帮一"的学习结对随即诞生，我看到了两个学生对自己的信心和期待。签完了"手续"，黄琨拿着书高兴地离开了。当我正为自己的教育小智慧暗自窃喜的时候，黄浩宇这个小机灵鬼又回来了，他神秘地走到我身边，悄悄地告诉我："王老师，您好狡猾！"

我在反思：酸甜苦辣都有营养，成功失败都是收获。尊重学生的体验，让他们走进自己的生活世界，体验生活、体验社会，即使失败，也可能成为学生终身受益的财富。作为一名一线教师，我们要有用生活来做教育的意识，抓住一切可以生成教育的生活小契机，因势利导，最大限度地激发学生内心的认知，让学生产生学习的兴趣，用教师的智慧走进每一位学生的内心！即使做一位"狡猾"的教师又何妨？

（借条感悟：书写水平不太高的"借条"，饱含着孩子满满的信心和期待！）

老师，这题为啥错了？

郑国红

"老师，这题为啥错了？孩子回来问我，我也说不出所以然来。"有一天，家长给我留言。题目是这样的："30-6-6-6-6=30-（24）$\ominus$（6）"。学生的思维是正确的，但这题这样填，我的第一反应是，肯定不能这样填。那为什么错了，我一时也说不出来。后来经过一晚的辗转反侧，我恍然大悟。"30-6-6-6-6"，按照一般的运算顺序，它是要从左往右算的。因为孩子刚接触混合运算，运算顺序必须很明确，所以不能直接得到30-24这一步。中间必须有一个过程，所以这道题还是要写计算过程：30-4×6或30-6×4。30-6-6-6-6的计算过程还可以是30-（6+6+6+6），这样就可以得到30-24了，但题目没有给出小括号，所以上题的答案只能是30-4×6或30-6×4。有时候，数学真的要去深究，否则，面对学优生，作为教师的我们真是苍白无力。有一句古话说得好："活到老，学到老。"真的没错。我还记得教五年级的时候，有一道题：一根绳子，第一次剪了它的$\frac{1}{8}$，第二次剪了它的$\frac{1}{8}$米，哪一次剪的绳子长？答案是无法判断。这是带单位的分数和不带单位的分数的区别。后来，出现了这道题：一根绳子，第一次剪了它的$\frac{5}{8}$，第二次剪了它的$\frac{5}{8}$米，哪一次剪的绳子长？惯性思维的我直接给出的答案是：无法判断。下课了，学生来找我："老师，这题可以判断。第一次剪了这跟绳子的$\frac{5}{8}$，第二次不管剪多少米，都不会超过这根绳子的 $\frac{3}{8}$，所以第一次剪的绳子长。"我又一次哑口无言。是的，学优生又给我上了一课，以后我可要想得细一点，想得深一点，这就是"三人行，必有我师焉"。记录下这些点滴，是工作经验的不断积累。随笔小记，作为对自己不断进步的鞭策。

我花了时间和精力，孩子却退步了

郑国红

"老师，我花了时间和精力在孩子身上，可她的数学却一天不如一天，我很着急。"一天，我收到了一个家长焦虑的求助留言。我在脑海里快速搜索关于这个学生的点滴。这个学生不爱说话，有点内向；有时候作业会空一片，没写完；有时候作业题会有满满的解析，就像教授的讲义；课堂上，这个学生不轻易动笔，但下笔都是对的。

针对这个学生的情况，我和家长有了以下互动：这个孩子是比较慢热的，有时课堂上遇到她会的，她也会积极举手回答，但大多数时候不怎么出声。从她作业的情况来看，我知道您对她很用心，但有时候这个孩子会出现抵触情绪，如特别拖拉，是吗？其实这是很正常的，因为她不会或者没把握，而您又批评了她，她就消极了。而您越急，越骂她，她越不会，甚至连原来会的都不会了。所以，首先要调整自己，对孩子一定要有耐心，而且应以鼓励为主。孩子数学方面的开窍有早有晚，每个孩子不一样，试想，如果您不辅导她，她可能还没现在好，换个角度来想，您的付出是有回报的，虽然回报比较小，不是吗？所以，首先，您一定要有耐心。她有一点点小进步，都要鼓励她，经常鼓励会增强她的信心。其次，您要注意辅导她的方法，以基础题为主，一道基础题给她讲解清楚后，要多找些类似的题帮助她及时巩固。有时候，要多等一等，给她自己消化的时间。等她真的会了，再讲其他类型的题。一次的题型量不要多，但要坚持，三天打鱼两天晒网，效果不明显的。再次，要注意方式，劳逸结合，精神好的时候，先解决难的，累了就要休息，调整好，再继续。如果她状态不佳，您跟她讲的任何话都是没用的，既然没用，那就不要讲了。到了该睡觉的时间就睡觉，没到睡觉时间就做一些不用动脑的事，如洗澡等，或者做一些她擅长又比较轻松的作业。然后，再回来解决难点。总之，要看她的吸收情况，以她为主。而不是您把您想给的东西灌输给她。最后，注重发散她的思维，您要引导她思考。这个家长回复道：这个孩子确实是我们抓得越紧，她越抵触，学习效果越差。家长也意识到孩子身上的问题很多能在自己身上找到原因。于是，她做了调整。后来，这个家长给我留言：昨天在家给孩子练习了一套专项试题，虽然孩子做题的时间很长，但正确率还是相当高的。我收到这个信息，很欣慰，因为这个家长终于耐下心来欣赏孩子的进步了。后来，我观察了一段时间，这个学生脸上有自信了，虽然还是有点小内向，期中测试也比上次进步了20多分。

　　随笔小记，也给自己共勉——"耐下心来，相信孩子，多鼓励，孩子会给你惊喜的"。

"除数是小数的小数除法"教学反思

李惠新

　　小数除法是本册教材的一个重难点，也是小学阶段学生最难弄懂的知识点。该知识点是在学生已经掌握了整数除法的意义和计算方法，并且学习了小数乘法的基础上，对小数除法进行学习，从而使学生建立完整的整数与小数四则运算的知识体系。本节课的教学重点是除数是小数的除法转化为除数是整数的除法时小数点的移位法则。其关键是根据商不变的性质，把除数是小数的除法转化为除数是整数的除法进行计算。在教学中，不断渗透转化的数学思想，关键在于教师的教法应照顾全班学生的学习能力，特别要关照个别学困生。

　　考虑到刚过了一个暑假，部分学生对已学知识（商不变性质）可能遗忘，所以教师在上新课前先给学生搭"脚手架"，也就是先训练一组习题，如：

$5.1÷0.3=（5.1×10）÷（0.3×10）=（　　　）÷（　　　）$

$0.78÷0.2=（0.78×10）÷（0.2×10）=（　　　）÷（　　　）$

$0.12÷0.25=（0.12×100）÷（0.25×100）=（　　　）÷（　　　）$

$8.5÷0.56=（8.5×100）÷（0.56×100）=（　　　）÷（　　　）$

　　师：以上等式的变换利用了什么性质？它们有什么相同的地方？除数变成了什么？被除数又有什么变化？以上练习为竖式计算中移动除数的小数点的依据做了详细说明。

　　以上题目中把除数转化成整数后，被除数可能出现以下三种情况：①被除数仍是小数；②被除数恰好也是整数；③被除数末尾还要补0。在课堂训练中，学生出现的典型错误有以下几种：①仅把除数的小数点画掉，被除数的小数点不做移动；②商的小数点还是落在没有移动小数点前的位置；③简单地把除数

17

和被除数的小数点同时画掉，转化为整数除以整数；④商的数位弄错，确定不了商的小数点的位置。

出现以上几种类型的错误，主要是因为学生对算理和算法不理解，弄不清为什么要先移动小数点，然后再计算。我建议各位教师在以后的教学中不能步子走得太快，要使教学中的每个环节都有足够的时间让学生去独立思考，形成独特的体验，这是学生自主建构的重要基础。学生有了一定的体验，再让他们在小组内充分交流，让学生互相补充、互相启发，形成一个共同发展的过程。这样，既照顾了全体，又尊重了学生的个性差异，让学生在交流中体会到用竖式计算小数除法时，需先将除数转化成整数。在教学过程中，教师应充分考虑和利用学生已有的知识经验，充分调动学生的积极性，让他们用已有的经验去大胆探索、创造，使学生的个性得以充分展现，体现以学生为本的课改理念。

"字母表示数"教学随笔

李惠新

　　"字母表示数"是（北师大版）义务教育课程标准实验教科书数学四年级下册第五单元的学习内容，它是学习代数知识的基础。四年级的学生在以往的数学学习中，接触到的都是具体的数，而现在要学会用字母（抽象的符号）来代表具体情境中的数量，用含有字母的式子来表示简单的数量关系，既是从具体形象思维到抽象逻辑思维的一次过渡，也是思维的一次飞跃。对四年级学生来说，本课内容较为抽象，教学有一定难度。"字母表示数"是学生学习代数知识的入门内容，我在教学过程中着重从以下几点入手：

　　（1）用学生喜欢的数青蛙的只数和腿数的儿歌引入，引出用字母表示青蛙只数的必要性。青蛙的嘴数是只数的2倍，青蛙的腿数是只数的4倍，让学生弄清楚，若青蛙的只数用a表示，那么嘴数有$2a$张，腿数有$4a$条。

　　（2）用字母表示长方形和正方形的周长及面积公式，让学生体会到以前用文字叙述表达平面图形的周长与面积公式，学会用字母表示数以后就变得简洁明了，既体现出数学之美，又体现出字母的魔力，从而培养学生热爱数学、喜欢数学的情感。

　　（3）在教学过程中，教师引导学生回忆加法和乘法运算定律，并尝试着让学生用字母表示，让学生体会到成功的体验，认识到用字母表示运算定律的妙处。

　　含有字母的乘法算式的简写方法属于陈述性知识，而四年级的学生已经有了一定的阅读能力和自学能力，为了提高课堂教学效率，教师可安排学生自学简写规则，然后在运用中加强理解与认识，让学生在自主学习和反思中，深化对字母表示数的方法的理解。

孩子，不着急

许丽灵

　　几年前，我刚当教师时，总想着如何在40分钟内传授给学生尽可能多的知识，也期待着热热闹闹的课堂。教学设计看似容量大，信息量大，活动安排也多，且气氛活跃，但学生的收获却很肤浅。

　　在日常课堂教学中，只有基于学生知识基础的教学才是行之有效的。例如，在教授北师大版三年级上册"过河"一课时，我结合情境图引导学生提出相应的数学问题，结合解决问题的过程，让学生体会数学与实际生活的密切联系。这节课的教学本着以学生为本的教学理念，慢思、慢行，给学生留足思考的空间。学生果然没让我失望，在解决问题，探索计算方法这一教学环节，学生情绪很高，都沉浸在解决问题的思考当中。

　　教学片段如下：

　　男生29人，女生25人，每条大船限坐9人，学生都坐大船，需要几条大船？

　　学生1：先算出全班多少人，29+25=54（人），再算出需要几条大船54÷9=6（条）

　　学生2：老师，我有不同做法，意思和他一样，但式子不一样：29+25÷9。

　　刚板书完，下面的学生新开始有不同的意见了，都说错了。学生2尴尬得满脸通红，我心里想着，如果这时候让其他学生说出错误，孩子的内心是不是更不好受，本来信心满满，却遭此打击。于是，我说："孩子，不着急，你再想想，这个式子哪里有问题呢？"一句不着急，让气氛缓和了下来，学生2也没那么紧张了。不一会儿工夫，这位学生发现，这样列式必须先算'25÷9'，所以是错误的。这时学生2开口问我："老师，我想先算（29+25），可是这样列式又得先算除法，该怎么办呢？"说到这里，我建议全班学生把热烈的掌声送给这位学生，这位学生的思路完全正确，也找出了错误的地方，只是他还不知道有小括号这回事，我心想着，这不正是学生知识产生冲突的时候吗？这不正是新知识引进的好时机吗？这不正是教师发挥作用的时候吗？感谢这位学生，让课堂知识的生成过程变得如此理所当然。热烈的掌声也让这位学生充满信心，美滋滋地回到了座位上。

经过几年的教学，我领悟到，一节高效的数学课应该让节奏慢下来，适当地留白。留给学生一些权利，让他们自己去选择；留给学生一些困难，让他们自己去面对；留给学生一些问题，让他们自己去解决；留给学生一些条件，让他们自己去创造。我相信，如果教学能慢下来让学生思考，那么将会少几分课堂遗憾！作为木棉湾学校的园丁，我希望自己能够耐心、细心地呵护每一朵"木棉花"，让每一朵"木棉花"自由快乐地绽放！

一道习题引发的思考

许丽灵

在数学课堂上，总会让人收到意想不到的反馈。这还要从一道数学习题说起……

题目再现：

问题：酸奶每箱56元，每箱有8盒酸奶，如果单卖每盒酸奶9元。整箱的酸奶每盒比单卖的酸奶便宜多少？

和往常的教学方法一样，教师先让学生读题，理解题意并尝试独立完成。学生开始有条不紊地在课本上作答，可是，当时的课堂格外安静，以往都是提前做好的学生跃跃欲试。我知道学生肯定遇到困难了，但在我看来，这道题的情境源于日常生活，应该很好理解。为了找到学生遇到困难的原因，我鼓励学生大胆发言，大胆写出自己的想法，提示不一定只用列式的方法。这里我有意让学生利用画图的方法去解决。可是，对于学生来说，这并非那么简单，眼看着一节课的时间就要浪费在这道题上了，我想着干脆直接讲解得了，就一道习题而已。如果我真的直接讲解，这样的教学方式是否有意义呢？他们能理解吗？习题的教学就是教师简单地分析讲解吗？我认为，不该是这样的，这样有难度的习题的教学应当与例题的教学一样，让学生展开讨论，相互交流。

下面是这道题的教学实录：

师：有想法的同学可以和小组成员进行交流学习。（学生开始了激烈的讨论）

师：接下来是小组汇报时间。

生1：先求一盒酸奶多少钱，再和单卖的一盒酸奶的价钱进行比较。

生2：一箱酸奶有8盒，一共56元，所以一盒酸奶7元。

生3：因为一整箱的酸奶平均一盒的价钱是7元，单卖的是9元，所以整箱酸奶每盒比单卖便宜2元。

师：这三位同学都说得非常有条理，同学们听明白了吗？（学生肯定地回答）

生4：老师，我可以用画图的方式吗？

师：当然可以！

（生4展示图1）

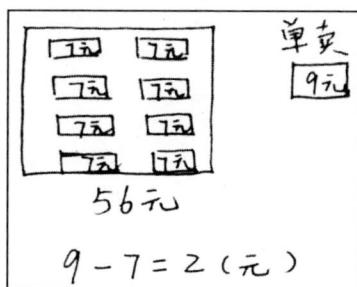

图1　生4的计算方式图

师：画得很形象，同学们看明白了吗？（肯定回答的声音越发自信）

思考：

这节课后，我心中久久不能平静。我认为像这样有价值的习题不该是这样简单的学生解题、教师分析。学生组内讨论交流，课堂生动、自然地生成，这是多么活泼、富有个性的过程。如果这节课还是我直接分析，我将永远也不知道习题教学也可以这么精彩。片段中，学生的思维无疑是深刻的、活跃的、有想法的。因此，习题的教学不应千篇一律，应采取适合学生的方式开展教学。习题的教学有时候可以是机械的学生解题、教师分析，也可以是教师启发、学生探索、小组合作交流，或是其他更灵活的方式，关键在于教师要从学生的学情出发，采用合适的、有效的方式开展每一节习题课。

习题是对课本内容的总结与应用，让学生对所学的知识进行系统的吸收和消化。我想，一节习题课不仅要让学生运用所学知识去解决问题，而且重要的是创造一种和谐愉悦的气氛，让学生从中感受到学习数学的乐趣。把数学知识与生活紧密结合起来，让学生在教学活动中观察，发现数学无处不在，促进学生数学知识的主动构建，而不是教师填鸭式的灌输，这样才能真正发挥习题课的作用。在此，希望自己在以后每一节习题课的教学中都能多一分思考，少几分遗憾！

眼中有你　心中有度

陈耀波

回忆起童年的快乐时光，每每为儿时的趣事捧腹。寒冷的冬天，与同学一起趁下课的间隙围在教室的墙角"挤油"取暖；炎热的夏季，与小伙伴一道趁大人不注意时偷偷溜到河里游泳、捉鱼；夏夜里，偷摘人家的西瓜，到收割完的田地里捉萤火虫……脑海中的一幕幕仿佛让自己回到了童年的快乐时光，流露的尽是得意和向往……

几乎每个人在回忆往事时都能细数出自己童年时的一大堆"劣迹"。奇怪的是，没有谁认为这些"劣迹"与品德败坏、顽劣而不可救药有什么关系，大家无一例外地在追忆自己童年的幼稚、好奇、顽皮的时候，享受着无拘无束的快乐！

而今天，作为小学教师的我们在面对学生类似的举动时，我们又做了些什么？

小璠，一个胖乎乎的男孩，一眼看去，怎么也不像个让人心烦的孩子。可就是他，三个月来却让我有了束手无策的感觉！因为在报到注册时通过与他的妈妈交谈后，我对他有了一定的了解，所以一接手这个班，他就已经是我的重点"保护对象"了。果然，小家伙麻烦不断。不断有学生向我报告，小璠的英语作业没有完成，小璠在课堂上起哄，小璠站队时推人被扣分了，小璠在语文课上不写课堂作业，当老师对他进行辅导时还发脾气拽着老师的衣服不放……于是乎，一次次疾言厉色的批评，一次次和颜悦色的谈话，如拉锯战般在我和小璠间展开。每一次，他都做出服从的样子，然而，最多不过一天，他就依然故我，全然把我的苦口婆心抛之脑后。是我的方法不对吗？我曾不止一次地反思。可是正面的、侧面的、反面的方法我都试过，而且集体的力量我也不止一次地借用过，让同学帮助、让同学监督，甚至连年级组长都在帮我——个别谈话、请家长。可是所有方法都没能从根本上解决问题，往往前一次教育没过多久，他又故态复萌，一次又一次地给班级管理造成困扰。真的是这个孩子无可救药吗？我不信！瞧他每次因没有完成学习任务或违反纪律被告知课间在教室里练坐姿后那痛苦的样子，哪里是一个5岁半的孩子装得出来的？分明是真的在后悔呀！而且，这个孩子乐于帮助别人，有小朋友不会系鞋带，他见状赶紧蹲下帮小伙伴系鞋带，至今那场景还深深地印在我的脑海里。而且在和其家长谈话时我也得知，孩子因为年龄小（个头高得像三年级的孩子）面对学习有相当大的压力，经常焦躁不安……

这种情况怎能不让人反思？

我们常常杞人忧天地为现在孩子的处境慨叹不已：社会的压力、家长的期望、学校的要求，无形中为孩子布下了一道道网。是的，社会的发展、物质的丰富，使这些孩子拥有了许许多多当年我们想都想不到的学习条件和生活条件。他们可以坐在有现代化教学设施的教室里上课，他们拥有很多可供选择的书籍阅读，他们有充分的条件去发展自己画画、踢足球、弹琴的特长，但是，他们能像当年我们那样，下了课，就可以疯子一样在操场上奔跑吗？他们能像当年我们那样，放了学就可以扔下书包，尽情地玩耍，直到天黑才在妈妈的呼唤声中回家吗？因为有家长的期望、有老师的要求，现在的孩子一举一动必须合乎规矩：听课时必须端正地坐着，不能歪着身子，不能趴在桌上，课间休息时不能追逐打闹，不能高声讲话，作业再多也不能有一道题不完成……他们听到的更多的是"不能、不能"……那么他们到底能做什么呢？

如果与我们当年的那些"劣迹"相比，小璠这孩子所犯的错误好像也算不上什么大问题呀。不同的是，当年的我们是幸运的：当我们在操场上追跑打闹时，老师就站在旁边，并不以为有什么过分；当我们偶尔与同学发生矛盾甚至以小拳头相向时，也没有人指责我们有多么坏，因为孩子常常前面打，后面就又搂着肩膀一起玩耍了。而今天的孩子有这么宽松的环境吗？他们的一举一动都在教师和家长的监控之下：孩子一撒欢儿，我们会马上提醒他们要规规矩矩地走路；孩子一高声说话，我们马上要求他们安静下来；孩子一争吵，我们马上插手干预，对着他们大讲同学之间团结友爱的道理……

是不是太急于呈现一个上进的班集体，以至于哪怕是孩子的一个轻微的、不合"规矩"的行为也不能忍受？是不是太想把孩子教育成自己理想中的绅士、淑女了，所以就一个劲儿地要求学生应该怎么做，不应该怎么做？是不是太高估了教育的魅力而忽视了学生作为孩子本来的天性和个性？当自己在苛求孩子的时候，是不是就已埋下了失败的种子？

也许我们已经过于习惯用成人的眼光来苛求孩子了，所以我们用着一个又一个标准来塑造着一个个本来不一样的孩子。然而在这个张扬个性的年代，在这个以人的发展为本的年代，有必要强加给孩子这许多的规矩吗？当自己得意于拥有一双慧眼时，是不是给了孩子过多的压力？是不是无形中使孩子的天空狭小了许多？如果换一种思维、换一种眼光，对孩子身上的所谓"缺点"，多一点包容之心，或许，小璠这样的学生也许就不至于这么苦闷了吧。

其实很多学生，当他做出一些在教师眼里是违纪甚至严重违纪的事情时，他们那幼小的心灵远远没有我们想象的那么复杂。对小璠这样的孩子，如果适当地包容他的一些错误，会不会给他创造出一个更有利于他成长的轻松的环境呢？如果我们能宽容一点，不过分追究，他那一点微不足道的事情会不会很快随风消逝，甚至成为推动他成长的一股劲风呢？

我们是不是该多一点包容，多一点呵护呢？是不是该留给学生一个自我反省、自我调整的空间？最疼爱孩子的莫过于母亲，最期望孩子成才的也莫过于母亲，最能包容孩子错误的还是母亲。谁能怀疑母亲对孩子的包容中的那份呵护之情呢？毕竟孩子的心是脆弱的，在犯错和失败的时候，他们多么需要一颗包容的心守候在自己的天空啊！如果自己对待学生能够像母亲对待孩子一样，就能在对学生严格要求的同时，也能多一点包容之心；在促进学生形成良好行为习惯的同时，多包容一点他们的错误；在维护学生自尊心和自信心的同时，促使学生永远保持着一颗积极上进的心！

在磨课中成长

陈耀波

　　备课组集体备课既充分发挥了教师集体和个人的智慧，又体现了同伴互助、资源共创、信息共享的新课程理念。集体备课活动提高了教师解读课标、研读教材、读懂学生的能力，切实有效地提高了课堂教学质量。

　　记得第一次执教北师大版三年级"什么是周长"一课时，第一次上课结束，我就感觉学生对于周长的理解虽然有了一个清晰的形象，但就是不能用语言表述出来，但我不知道应在哪个环节进行改进。我不断反思自己的教学，及时调整教学程序，并找到问题所在——虽然我让学生用眼看、动手画、动手摸、动口说了，但学生对周长的概念比较模糊，没有清晰化。学生虽然有了初步的感知，但我没有让更多的学生表述，这就让学生失去了巩固强化概念的机会。针对这些不足，我重新设计，在另一个班重新上课：先让学生自己看书，自己理解什么是周长；接着让学生说一说自己对周长的理解；在此基础上，让学生通过描一描、摸一摸、说一说等活动，使学生在原有认识的基础上，进一步加深对周长的理解，学生的表述也不再那么困难了。在不知不觉中，学生就在一种自主学习的氛围中完成了自己知识的建构。这一次的再教使我深切地体会到教师反思对于自己专业化成长的重要性。作为教师的我们只有养成勤于反思、善于反思、乐于反思的好习惯，自身才能得以不断发展与进步。

　　古人云："吾日三省吾身。""思想从何而来？关键要学会思考。思广则能活，思活则能深，思深则能透，思透则能明。"

　　"什么是周长"是在学生认识了三角形、平行四边形、长方形、正方形等平面图形的基础上展开的，这是学习平面图形、周长计算的基础。教材结合具体的实物，通过观察、亲身体验等活动，让学生在具体情境中理解周长的含义。我采纳备课组教师的建议，再加上自己对教材的理解，再次执教时，在渗透"周长"概念的过程中，给与会教师和学生留下了很深的印象，重点体现了"体验学习和重视合作交流"两个新理念。为了让学生真切地感受到"什么是周长"，经历一种生活体验是必要的。在执教时，我先让学生观看小蚂蚁沿树叶的边线爬一周的动画，初步感知周长；然后通过摸小树叶边线的一周、数学课本封面的一周、礼品盒底面的一周等操作活动，拓展学生对周长的感性认识，建立丰富的表象，初步认识周长的意义；再通过找一找、描一描图形的周长，进一步理解什么是周长；最后通过比较、分析，概括出什么是周长，让学生对原来所认识的"周长"达到真正的数学抽象，学生才能真正理解和掌握"周长"的含义，而这也正是《义务教育数学课程标准（2011年版）》提出的过程性目标中学生"体验"的价值所在。在课堂上，教师让学生充分动手操作、合作交流，不仅使学生抓住事物的共同特点，感知了什么是物体表面的周长，而且要求学生用较完整的语言描述周长的概念，将学生的语言表达能力与思维训练有效地结合起来，通过语言表达把操作与思维紧密结合起来，学生在理解了"周长"概念的同时也发展了思维能力。

　　只有真正把培养学生的数学核心素养渗透在每一节课中，才能在数学教育的道路上走得更远，才能把学生培养成于国家有益、于社会有利的栋梁之材。

木棉湾学校

"喜欢"的教育情感

方 芸

从我自己当学生，到现在有自己的学生，从以前的传统教育到现在教育理念的不断创新，我内心总有一种深刻的感受：无论千变万化，有一种叫喜欢的情感才是贯彻教育的根本。

小的时候，我会因为喜欢某位老师而喜欢上那位老师的课，因为喜欢上那位老师的课，我把那门课学得很好，越来越有动力，也感觉越来越有趣……这是我当时最直接的感受，这种感受深刻到我自己从事了教师这份职业还有同样的感受：只有让学生喜欢我，才能让学生喜欢数学，在此基础上学生才能学会学习。这也是我一直以来的追求。我想，如果学生不喜欢我，不喜欢上我的课，我的每节课对他们来讲都是煎熬、无趣、瞌睡，那是多么可怕的事情。于是我努力地读懂他们，真诚地和他们站在一条战线上，友善地走近他们的心灵。

苏霍姆林斯基曾说过："如果我跟孩子们没有共同的兴趣、喜好和追求，那么我那通向孩子心灵的通道将会永远堵死。"做孩子的朋友，永葆童心，世界在我们面前将永远是灿烂的阳光。当我们走近孩子的心灵，我们就会站在孩子的角度去思考，就会用童心去感受孩子的喜怒哀乐。于是，在教学中我不断反思，寻找孩子内心的语言，读懂他们的想法。我们知道形象思维会让小学生对理论定义理解得更加深刻。例如，在学习质量单位千克、克、吨时，要认识这三个单位，好像比较容易，但是只靠我们的语言和多媒体的描述是很难让学生理解千克、克、吨到底有多重的。如果学生有较丰富的生活经验，就比较好理解。这个问题在开家长会的时候我就和家长讨论过，课本里出现了这样的问题："一个鸡蛋重（   ），一个西瓜重（   ）。""生活中有哪些物体约重1千克？"这样的问题把学生弄蒙了。小学生没有很多的实际生活经验，只能依靠家长的引导，引导他们善于去观察生活，如什么物体约重1千克？家庭中的食盐两包大概重1千克，5个苹果大约重1千克，16个鸡蛋大约重1千克。我鼓励家长将这些比较有代表性的常见物品让孩子观察、触碰、掂量，让学生一个较为深刻的感受。当时的考试试卷里有一道题目：鲸鱼的体重是150（   ）（填上合适的单位）。我们都知道答案是"吨"，令我惊讶的是全班有一半以上的学生都填"克"或者"千克"。我问了学生，为什么会这样作答？有些学生回答我："鲸鱼不就是鱼缸里的鱼吗？"有些学生回答："不就是我们吃的鱼吗？"我恍然大悟，我确实不能批评他们，不能怪他们，我们有什么机会能给他们看鲸鱼呢？除了纪录片里的。我让家长回忆一下自己在他们这个年纪的时候是否知道鲸鱼的体重要用吨。好像我们也不太清楚，家长默认地笑了，我也笑了，在笑过之后，这也引起了我们的反思：如何让这些善用形象思维来思考问题的孩子更好地学习数学，体验数学的价值，感受数学的乐趣？我们能做的是无论在生活中还是在课堂上，数学教学都要以生活为依托，将生活经验数学化。后来，我用了一节课的时间给孩子们播放了一部关于鲸鱼的纪录片，把数学课上成了科学课，"浪费"了一节课的时间，但我挺高兴的，因为孩子们又增加了生活经验。

作用数学教师，我们很多时候比较注重学生是否理解题目的意思，能否解题多样化，能否理解重难点，如何提高运算能力，等等。传授知识固然重要，但数学教师一样需要情感交流，需要与学生有心与心的交流，用一句网络语言来讲，就是"一切要走心"，走近学生的心灵，相信无论怎样的学生多少都能感知到。润物细无声的感化是教育温柔的武器。在我的课堂上，有这样一个学生（小C），他是一个特殊的孩子，这个孩子有比较严重的多动症，在我的课堂上，他从未停止过对其他同学的骚扰，如拿走别人的文具，打人家一下，骂人家一下，喜欢哗众取宠，等等。教师要求学生拿出尺子画图，他很挑衅地说："我家没钱，买不起尺子。"课堂上学生发出不正常的笑声，课堂纪律又要重整一番之类的事情时有发生。可能有人会质疑："别跟我说你不生气。"其实我很生气，甚至到了是可忍孰不可忍的即将爆发的临界点……但教师应有的素养告诉我：深呼吸，深呼吸，要有耐心……慢慢平静。让我有深刻感受的是孩子的妈妈。小C的妈妈我见过多次，我感觉得出，她每次见到我都很愧疚，走进办公室的时候脑袋都是耷拉着的，她总是跟每一位教师说不好意思，自己的孩子是个特殊的孩子，孩子的成绩也很让教师头疼，总是倒数第一或第二，拖后腿是肯定的事情，为此她更觉得愧疚。她每次来见教师就像个犯错的孩子，低着头走进办公室，说话声音小小的，生怕别人知道自己的孩子是个特殊的孩子，脸色阴郁，看不出半点阳光，表情不自然、不自信，充满愧疚。小C妈妈长久以来的不自信深深地刺痛了我，生活把这位母亲应有的快乐消磨得所剩无几，我想她长期得不到别人的肯定，甚至得到的总是质疑、批评和嫌弃，但就是这样一位不自信的妈妈，有一次讲了这样一句话："我在等着，等着这个孩子哪天能懂得妈妈、老师对他的包容，对他的爱能慢慢改变他。"很坚定、很坚持的一句话，即使别人不认可自己的孩子，但她自己仍坚持着，不放弃。纪律、成绩或许是重要的，却不是最重要的。做一个有爱的教师，让学生有自尊、有自信地学习；做一个有人情味的老师，让家长放心把孩子交给我们才是最重要的。谈话中我不和小C妈妈讲孩子的学习，我和她探讨孩子对什么感兴趣，有没有什么特长。讲到这个，小C妈妈的眼睛是放亮的："他很喜欢鼓捣一些东西，如电脑，哪个地方接触不良，他总能找到并接好，家里什么东西坏了，他很愿意动手去找原因，还真能修好几件。"从那以后，我给了小C一个任务，帮我开电脑，调实物投影，他很开心。起初，班里的其他学生还会告状："老师，他乱动讲台，会弄坏的。"有一次，实物投影真的坏了，一直开不了，我尝试了两天，还是不行，维修人员还没来，我灵机一动，要不让小C试试吧："小C，你来看看，能找到原因不？""老师，好像是那条线掉了，掉到洞里去了。""那你过来试试。"小C蹦蹦跳跳地跑上讲台，其他学生安安静静地看着，接上线后，投影瞬间亮了。小C又若无其事地跑回自己的座位，教室还是安安静静的，但从那以后没人再来告状了。小C有了机会在同学面前证明自己之后，即使他的成绩依然不尽如人意，但他每天最记得的事情就是帮老师开电脑，把投影仪调好角度，有了可以做的事情，他反而没那么闹了，**慢慢地也愿意听老师的话了**，他内心感受到老师是肯定他的，他有了可以展现自己的平台，即使只是一件小小的开电脑调投影仪的事情，他的内心却发生了很大的变化，同学们对他的看法也开始改变。小C妈妈很开心地告诉我："方老师，孩子回家很高兴地说他会帮老师修电脑了，他现在每天都说要早早去学校把电脑开好呢，我再也不用逼他上学了……"后来发生了戏剧性的一幕，小C每天维护好他的领地——讲台，只要有人乱动，轮到小C来告状了。

家长会上，我跟家长讲："我喜欢孩子们的纯真，也珍惜他们的纯真，我很不想他们长大。"家长笑了，不知道他们懂不懂孩子那纯洁无邪的童心是我从事教育的动力，我一直在努力读懂他们。在教学上，我与他们擦出智慧的火花；在情感上，我与他们进行心与心的交流，让学生能喜欢我。如果哪天我的学生长大了，能想起老师的哪句话、哪件事给他带来好的影响，能说到我喜欢当年的数学老师方老师，喜欢上方老师的课，这对我来说，就是莫大的鼓舞、实实在在的鼓励。

预习，不是敷衍

方 芸

《义务教育数学课程标准（2011年版）》指出，让学生学习有价值的数学，让学生带着自己的思维进入数学课堂，对于学生主动参与数学学习有着重要的作用。这是学生主体地位的体现和要求，也是教育发展和社会进步的必然选择。

一、预习要有针对性，即针对教材内容和学生实际

部分数学教师在编写研学案时只关注知识的重难点，没有考虑到学生现有的知识水平和学习能力，特别是后进生的学习能力，设计出"高深"的、"有水平"的导学案，却深深地打击了学生学习数学的兴趣与信心，降低了学生学习数学的动力。

导学案主要是给学生用的，教师在编写研学案时不能忽略学情。教师在备课时要转变以往的备课观，要把备教材、备教法、备学生结合在一起，转变为用学生的眼光看教材，根据学生的认识规律设计和编写导学案，制定出适合学生的学习目标，不要一上来就没有梯度，加大难度，而要让每一个学生都感受到获取知识的快乐。在设计上，覆盖面尽量要广，起点要低，要有层次性，形成一定的梯度，尊重学生的个体差异，体现知识的连贯与迁移，符合学生的认知规律。

二、预习要有趣味性，激发学生的求知欲

"兴趣是最好的老师。"一些教师在设计预习题时过于随意，导致学生对

数学预习的低效，学生也会对预习失去兴趣。要养成预习的习惯，就要激发学生对预习的兴趣，所以设计的预习要体现趣味性，能激发学生的求知欲，使他们主动探求问题。

例如，在进行"克、千克、吨"一课教学之前，教师让学生在家里或者超市里用秤量出重量为1克和1千克的物体，并用手掂一掂，感受1克和1千克的物体到底有多重。预习后，学生知道了4个苹果的重量大约是1千克，1枚1分钱的硬币约重1克。课前学生已经体会了1克与1千克物体的重量，更易于掌握1千克等于1000克的转化。通过课前预习，学生对本节课要学习的知识充满了兴趣，并且能够更好地掌握本节课的重难点。

又如，在教学"认识四边形"一课前，我让学生对数学课本知识点先进行自主理解，找出生活中的四边形物体，尝试对这些物体进行比较、测量、计算等；标记出不懂的问题，可以与同学进行讨论，或者在课堂上向老师提问。在预习体验过程中，学生能够在生活中寻找到与课堂教学内容相关的事物，体会到数学既源于生活又运用于生活；锻炼了学生对新知识的理解能力与吸收能力，让学生体验到数学学习的乐趣，开动了学生的脑力，有效地提升了课堂的学习效率。

教师在引导学生学会预习的同时，也应创设情境，提供给学生活动的机会和题材，让学生探索、研究、创造性地学习新知。只要教师正确引导，把握知识的系统性，选择好教学模式，数学课堂就会异彩纷呈，生机勃勃！真正有效地预习能极大地提高学生的学习兴趣，使学生的数学思维、情感态度与价值观等得到提高。

三、预习题要有启发性和指导性，能启迪学生思维

预习是为了让学生提高学习效率，促进学生自主学习，不能盲目地让学生预习，教师布置的预习题要根据学生的实际情况，布置有启发性和指导性的预习题，启迪学生的思维。

例如，在"可能性"这节课前预习，我引导学生先尝试抛硬币游戏，并记录下抛硬币的次数及正反面，随着抛硬币次数的增多，学生会发现出现正反面是相同概率的事件，让学生通过具体的操作活动，直观地感受事情发生的确定性和不确定性，事情发生的可能性有大有小。小学生的思维需要借助形象直

木棉湾学校

观的实物图或实践操作的体验活动，让学生在操作、实践中自主探索，合作交流，完成预习任务，使学生在获取知识的过程中锻炼实践能力。

预习时可要求学生通过画图来解决问题，画图具有简洁明了的特点，数形结合能够启发学生的思维；归纳问题，有利于学生对知识的掌握。

四、根据学生特点，采用分层预习法

首先，预习要考虑学生的可接受性。预习不要流于形式，也不要要求过高。如果学生"跳"了，还是摘不到"桃子"，或预习形式千篇一律，学生会感到预习枯燥无味。

其次，学生的数学预习笔记的书写一定要循序渐进，教师切记不可过于心急，想一口吃成胖子。提高学生的认知水平毕竟有一个过程，教师只有长期地、耐心地辅导，学生的数学预习笔记才能有所长进。所以，对于预习笔记的书写应该照顾到不同层次的学生。

基础生：教师要注意方法的指导，但要求不宜过高，可以让学生在书上圈画重点的定义概念，初步理解意思，把学到的新知识初步试探性地运用于例题的解决上，把例题看懂就行。

中等生：这一层次水平的学生已有一定的自学能力，但还需要巩固，因此，在预习的时候，教师可以让学生画出重点语句，标出关键字词，对于例题，教师要求学生不仅要看懂，还要思考用不同的方法来尝试解题；对于课后的练习题，教师要求学生尽可能地去解决，学会把新知识运用于新问题的解决。

优等生：在以前学习的基础上，学生有了一定的知识积累和学习方法，所以对这一层次水平的学生，教师更要注重学生自主学习能力的培养。在预习的基础上，教师要指导他们写出收获，总结困惑。

例如，在教学六年级下册"图形与测量"之前，教师让学生预习本节课的内容，基础生只要能写出各平面图形的周长和面积计算公式就算完成了预习任务；中等生要在这个基础上自行推导出公式，能熟练运用并解决实际问题；优等生要能根据三角形的面积公式推导出求高或求底的公式。一般情况下，基础生和中等生掌握的问题，教师可在课堂上进行检查再订正，总结预习效果，学生能够体验到预习带来的成功感和自豪感。对于优等生推导不出拓展公式的情况，教师可以适时加以引导，让有能力的学生有条件思考下去，使预习后的课堂更有研究氛围。

在课堂教学中，教师要有目的地让学生展示自己的收获和困惑，让学生在生生之间、师生之间展开讨论、合作、交流，在不同的思维交流过程中迸发出智慧的火花，形成统一的认识。因此我给学生设计了这样一个预习导学提纲：

（1）本节知识与以往的哪些知识有联系？

（2）本节主要讲了哪些内容？你认为重点和难点是什么？

（3）例题你看懂了吗？还有其他方法不懂吗？

（4）动动脑筋，本节知识你有新的发现吗？

（5）你有哪些困惑？课后练习你是如何完成的？

预习能力的培养应当从学生的自学中培养，没有一定的质疑能力和好问精神，相信对知识点的掌握也不会很深刻。采用这样的预习导学提纲，培养学生的自学能力，使学生逐步形成独立的能力，解决一切问题的能力。

布鲁纳说："知识的获得是一个主动的过程，学习者不应是信息的被动接收者，而应该是知识获得的主动参与者。"教师通过巧妙地设计预习题和要求，让学生通过有效地预习，主动获取知识，是发展学生主观能动性的主要途径。教师要以学生为本，充分了解学生的学习状态，立足于学生的最近发展区，让每个学生的知识、能力和情感态度不断超越，让预习后的数学课堂充满人文关怀和生命的活力。

讲故事

许贞娜

从教十几年，经历了许许多多的事，有喜也有忧。

俗话说，"教书是一份良心活"。站在教师的角度，我觉得面对这份良心活，同样的工作，课可以备得细一点，作业可以改得勤一点，对于班上的学生，可以时不时地和他（她）沟通，做好思想工作，进而促进学生的学习等的进步。当然，我们可以做的还有很多很多，但真正用心工作的人，却又总觉得时间不够用。所以，在有限的时间内，我总是挤时间去努力完成自己心中的工作，做到无憾于自己、无愧于学生。

我是一个性情中的人，每带一届学生，总会把他们当自己的孩子去看待，生气于他们的顽皮，欢喜于他们的进步，欣慰于他们的懂事。从教十年有余，如此生气、欢喜、欣慰地交替着过日子，当然，慢慢地我也成熟了许多，现在更多的是冷静。

我是一名数学教师，但我在数学课上，会时不时抛开数学谈我的童年和我的经历，告诉他们做人的道理。有一次，两个学生在课间刚打完架，刚好我来上课，学生都很激动，告诉我刚才发生打架的情景，似乎学生期待得到的结果就是：老师大发雷霆，狠狠地批评他们一顿，然后大家幸灾乐祸地去看两个犯了错误的同学，并站在高处去指责他们。

可是，我的做法好像令他们失望了，我并没有批评他们，我只是问了句："打完了没有？"然后，我就给他们讲了个故事——我曾在小学读五年级的时候掉光了头顶的头发，当时，由于无法面对同学们异样的眼光，我一直是戴着帽子上学的，包括上课我也一样戴着帽子。直到有一天，老师安排当时作为班长的我和另一名男同学同桌，那天，那名男同学非常不高兴，显然，他是不愿意和掉头发的我一起坐的，当着全班人的面，他竟然做出了令人想象不到的事情，摘掉我的帽子并把它扔到了讲台上。当时的我可以用得上"泪奔"这个词，流着眼泪的我在嘲笑声中去讲台捡起我的帽子重新戴上。当时这名同学对我的羞辱令我无法形容自己的心情，只能说当时很生气、很生气。可是，谁又想得到，长大后的我们是多好的朋友。这两年这个男同学出了事，我一直默默地站在他家人的身边，陪他们度过黑暗的日子。

最后，我对学生说，"这个今天和你拳头相见的同学，这个今天对你很不满的同学，或许日后就是你最好的朋友，将能与你共患难，最大限度地帮助、安慰你。"

故事讲完了，刚才还攥着拳头没打够架的两个学生心情都平静了下来，根本不需要批评和任何道理，他们似乎什么都懂了。

这种讲故事的教育方式也让我很有感想，我也似乎从中明白了什么，带着自己对教育的看法，拥有一颗用心教育的"良心"，我继续从工作中努力地寻找让自己觉得成功、喜悦的方法，并从中找到工作的幸福。接下来的日子，我仍会在数学课堂上给学生讲讲生活常识，教他们如何保护自己，如何爱惜身边的人等。我不确定自己的职业道德是何等层次，但我起码对得起这份职业良心，我仍会不懈地努力，为这良心而努力。

木棉湾学校

小学数学教学与德育

张 昕

小学是学生世界观、人生观、价值观形成的关键时期。小学六年至关重要，作为多年从事小学数学教学的我，对数学教学中的德育教育有几点思考。今天随笔记录，供大家参考。

一、城乡接合部学校学生德育素养现状

城乡接合部学校的学生生源层次不同，所以德育素养参差不齐，现状有以下几点：①一部分学生道德缺失，缺乏社会责任感，缺乏感恩之心。不尊重父母、长辈和教师的事情时有发生，同学之间有了矛盾会模仿社会甚至黑社会的做法来解决等。②一部分学生习惯不良，乱扔垃圾，作息、饮食没有规律。③一部分学生以自我为中心。现在家庭中大多数孩子为独生子女，在家庭的溺爱下，一部分学生凡事看重自己的利益得失而不顾他人的感受，自私、任性。④一部分学生心理脆弱，在生活中受不了委屈，承受不了挫折和打击，不能正视学习上的困难、生活中的打击、教师的批评和教育，以致离家出走等走向极端的事件频频见之于各媒体报道，学校和教师对此不知如何是好。

二、学校德育工作的纲领及制度保障

为解决学校德育工作中存在的问题，城乡接合部的木棉湾学校根据相应的法律、法规、政策，不断完善学校的德育领导体系，真正落实德育领导力量。

三、如何在小学数学教学中落实德育教育

德育培养目标要细化。小学低年段（一至三年级），重视行为习惯的养成教育，培养学生的文明举止，要求学生在家帮助父母做力所能及的家务劳动。

一年级入学要在吃、喝、拉、撒、穿、行等方面不断引导和规范学生。在数学教学中时刻抓住有效时机进行养成习惯的教育，如在数学一年级上册"位置与顺序"中"左右"一课教学时，有意多留几分钟时间告诉学生走路要靠右侧，特别是上下楼梯时；课间在走廊不能快速奔跑等；在三年级上册"年、月、日"中"时间表"一课教学时，我让学生自己说说星期六一天的安排，很多学生安排了时间做家务，这是一次不动声色的德育教育。我们要求学生在学校认真完成值日任务，地上有垃圾要主动捡起来，培养学生的公民意识和责任意识。小学高年段（四至六年级）要加强学生的规则意识教育和培养，为学生终身发展奠定基础。四年级开始就要不断引导学生学习规范、规则，特别是中小学日常行为规范和学生守则，并且让学生在日常生活中自觉遵守，养成守规、守纪的习惯。例如，在北师大版小学数学四年级下册"数学好玩"中的"奥运中的数学"一课的教学中，我在与学生品味体育美的同时也告诫学生，这些成绩的获得要靠自己努力拼搏和自觉遵守体育规则。这些规范规则的养成也可以把社会主义核心价值观引进学生的德育教育。

　　总之，有着城乡接合特点的学校德育教育要结合农村学生的特点，要考虑到农村学生的知识结构、生活实际、社区特点、家庭背景等诸多因素。数学教学在内容上要充实、自然、接地气；在形式上要不断创新，符合时代潮流。只有这样的德育教育才会像春雨一样默默地感染学生、影响学生，这样的教育才会扎实、有效。

木棉湾学校

浅谈如何培养学生的学习能力

游健辉

布鲁纳指出："我们教师的目的在于尽可能使学生牢固地掌握学科内容，尽可能使学生成为自主而主动的思想家。这样的学生，当他们在正式学校教育结束后，将会独立地向前迈进。"因此，我认为比让学生积极主动学习更有意义的是引导学生在学习过程中学会学习。

为达成此目标，我会有意在日常教学中引导学生学会学习。在学习一节新课时，我除了会设计合作学习环节外，还会提一两个需要学生独立思考的问题。由于课堂上思考时间有限，我一般都把这几个需要独立思考的问题当成预习题让学生预习。例如，在教学"认识长方体与正方体"一节课时，我提出以下问题让学生思考：

（1）你如何区分长方体与正方体？

（2）正方体也可以叫作特殊的长方体，这句话对吗？为什么？

我认为，如果学生能通过独立思考这两个问题并能回答出来，那么他将学会进一步认识长方体和正方体的本质特征，从而为下一步知识的学习打好基础。

此外，我给学生订了一个错题本，有意识地培养学生回头看的学习能力。对每一道错题，我都会有意识地引导学生在抄完错题后，总结一下自己出错的原因，以及以后遇到这样的题需要注意的地方，以此培养学生总结归纳的能力。

我相信，只有学生的学习能力培养起来，他们才能在以后遇到新的知识需要学习时，对学习更感兴趣、更充满好奇、更有胜任感、更有创造性，在学习中学会学习。

浅谈如何提高学生的计算效率

游健辉

上学期，学生在家学习了半个学期。我在复课前半个月，特意设计了几节课专门用于复习网课期间学习的加减法知识。回到学校后，几页课堂计算练习结果引发了我的担忧：速度快的学生计算结果不满意，计算结果满意的学生比速度快的学生慢了一半，这该如何是好呢？计算要速度和正确率兼顾，才可以说学生计算效率高。通过观察和思考，我决定采取几个措施试试。

先练计算的正确率。我认为计算必须先正确再追求速度，因此，我在平时的练习和作业中，注意收集学生的易错题，把这些题归类。例如，竖式计算抄错数字的归为一组，忘记进位或者借位的归为一组，相同数位没有对齐就计算的归为一组，等等。我把这些题目设计成改错题，让学生在课堂上练习，然后同学互相批改答案，互相讨论每一道题错在哪里，最后由教师展示正确答案。这样，学生在互相批改、讨论、点评的过程中不知不觉地把计算要注意的容易出错的地方记住了，计算正确率就慢慢提高了。

在计算正确的前提下如何提高计算速度呢？我想应该可以用比赛来提高学生的计算速度。在每一节课开始，我都会设计5道计算题进行小组比赛，获胜的学生可以获得小礼品。一开始，学生因为获得小礼品而激发计算的激情。尝试了一段时间课前计算比赛后，学生已渐渐形成了一种对计算的喜爱，尤其是两位数的加减法，不再是学生望而却步的题目，反而因为计算效率的提高，不少学生连写作业的时间也有所缩短。我想，这也算是个额外的收获吧！

"翻滚吧，24"教学反思

——整数的四则混合运算复习

朱 慈

本课是对三年级实践活动算24点的改编，三年级授课时是利用纸牌游戏进行的，六年级则是利用1～9的数字算24点的游戏，可以让学生自由发挥，玩转24点。

"算24点"这节内容是在学习了表内乘除法的基础上进行的，这个游戏不仅可以加强学生对加、减、乘、除的口算练习，而且可以激励学生主动探究解决问题的策略。由于教学经验有限，在真正的实践中还有很多问题值得深思，我就自己教学的"算24点"谈一些认识和体会。

在课前调查中，我发现全班学生没有一个玩过"算24点"的游戏，对于游戏规则一无所知，更别说一些算24点的技巧了，而单调的计算又是非常枯燥的。基于以上认识，我把整节课设计成游戏闯关的形式，扑克牌分别从3张到4张算24点，算法从一种到多种，我觉得这样的设计是符合由浅入深的认知规律的，在不知不觉中化解了教学的难点，完成了教学目标。同时，游戏活动能使教学目标层层递进，不同层次的学生可根据自己的需求和基础进行目标选择，分解了学生的难点，增强了学生学习的兴趣，学生对教学内容更易接受，使教学效果及学生参与达到最佳效果，尤其使基础较差的学生觉得自己能学会，让每个学生产生成功的期望。由于采取的是游戏的形式，学生从1个人玩到2个人、3个人、4个人玩，把大量的练习寓于游戏之中，强化了学生的学习兴趣，既让学生巩固了所学知识，又鼓励学生运用多种方法进行计算，极大地调动了学生的学习积极性。

　　整个课堂气氛不错，但总的效果还是不尽如人意，上课时我大胆地放手，让学生自主探索、思考、计算、归纳，但由于课堂调控能力有限，放得太开就容易收不回来，有点被学生牵着鼻子走了；在小结时，没有引导学生把一阶段的内容进行好好的梳理，以至于整节课条理不是很清晰，基础相对较差的学生既来不及巩固算出24点的方法（其他学生早已算出），又没掌握算24点的技巧，当别人算得不亦乐乎时，这部分学生却还是云里雾里，不会算24点。再者，不管什么方法，都需要一定的习题来支撑巩固，由于担心时间可能会来不及便草草收场，这些都需要在以后的教学中不断总结及提高。

"三角形的分类"教学反思

朱 慈

本课选自北师大版数学四年级下册"三角形的分类"。学生对三角形的形状有了一定的认识，并且角的分类有熟悉的分类方法。分类是一种数学思想，是根据一定的标准对事物进行有序划分和组合的过程。三角形的分类在于给学生一种数学几何模型，为学生今后更好地运用三角形，进一步认识和研究三角形奠定知识和技能基础。我从课本素材入手，采用生本课堂教学模式、学生自主合作学习方式，为吸引学生更多地参与课堂活动，激发学生的思维碰撞，我设计了一系列学习活动。

一、激趣导入，猜一猜

上课伊始，我采用白板的扩大和布幕功能将三角形帆船呈现在学生眼前，让学生猜一猜布幕下面的是什么图形。神奇的滑动激发了学生的学习兴趣，开启了师生交流的第一步。

二、解放思维，鼓励猜想

创设问题情境是激励学生积极探索的动力。三角形帆船造型中的9个三角形激发了学生分类的思维，我大胆放手，激发学生的思维，利用学生已有的学习基础，鼓励学生将9个三角形进行分类，并深入参与到学生的小组谈论中。对于讨论中出现的"疑""异""新"等不同情况，及时给予鼓励，不断拓展学生的思维，找出不同的分类标准。

三、灵活展示，生生互动

生本课堂，源于学生。师生互疑互解，在交流中学习，在学习中解惑。我邀请学生上台，大胆分享分类过程和方法，通过生生问答、师生问答，成功地找出了按角和按边的分类方法，整个过程紧凑，学生听得有趣、学得开心。

四、实践检验，动手创造

动手实践检验是验证数学思维的重要方法。当课堂教学中出现直角三角形、钝角三角线、锐角三角形、等腰三角形、等边三角形时，让学生通过动手实践进行验证，解放双手，动起来学数学，创设几何数学模型，并能用数学语言描述验证过程。另外，在练习题中，我大胆创新，设计了利用三角板找出等腰三角形和钝角三角形的活动，加强了学生的动手能力和创新能力。

反思本节课的教学，我认为最精彩之处在于合作交流，而合作交流是学习数学的重要方式之一，我刻意提醒学生在合作时先自己想一想，试着分一分，再在小组中交流各自的想法，使学生的自主学习与合作交流有机结合，最大限度地发挥了合作学习的优势，不仅提高了学习效率，而且有助于学生形成良好的学习习惯。但本节课也有败笔之处，由于教学经验不足，对于不同学生提出的不同想法，我未能及时抓住精髓进行拓展。例如，课中，有学生提出按边分，"对边"的分法，我在处理时比较轻描淡写，没有突破"对边"的概念。若能抓住学生"对边"的概念进行引导，拓展出对边到等腰的转移，以及不对边（不等边）的迁移，这是个好契机。事后与学生沟通后，我发觉学生对于等腰和等边已经有了基本的数学思维，如果在此处加以引导，本节课或许会更精彩。此外，在交流探索中，有学生指出有的三角形是轴对称图形，画出对称轴就可证明，我虽鼓励了学生的想法，但未能给学生展示的机会。课堂展示这一环节的时间仍需要更精确地分配好，特别是整节课的时间也要分配均匀，有的话题要点到为止，不宜啰唆。数学思维最重要的就是讲得精而巧，过于啰唆反倒失去了趣味性。

这次教学使我收获很多，我想，这样的教学，学生的收获不仅是知识的增加，还有个性的张扬和创造力的培养。在今后的教学中，我将力求有更大的突破，上出有自己特色的数学课。

深圳实验承翰学校

数学课上，教师的语言要准确

肖财生

今天听了五年级教师的“谁打电话的时间长”——“除数是小数的除法”第一课时，课堂教学环节大致如下：

（1）课前复习，先复习除数是整数的小数除法，再复习商不变的规律（学生填空后回顾商不变的规律）。

（2）出示书本情境图（见图1），提出问题，列出算式5.1÷0.3，然后根据学生课前预习情况，带领学生一起汇报、分享并理解书本上的四种计算方法。

方法一

5.1元=51角
0.3元=3角
51÷3=17（分）

方法二

5.1÷0.3
=（5.1×10）÷（0.3×10）
=51÷3
=17（分）

方法三

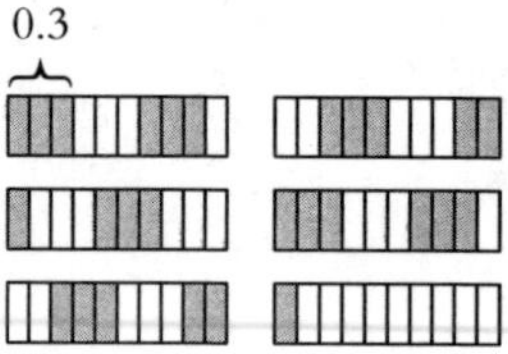

方法四

$$\begin{array}{r} 17 \\ 0.3\overline{)5.1} \\ \underline{3} \\ 21 \\ \underline{21} \\ 0 \end{array}$$

图1　书本情境图

学生在分享方法二时这样说：“把5.1和0.3都扩大10倍。”教师在小结中也是这样说的，只是多了一句“利用商不变的规律”。在分享方法四时学生这样说：“把被除数5.1和除数0.3的小数点画掉。”教师小结时是这样说：

"是的，把0.3的0和小数点画掉，把5.1的小数画掉，就变成了除数是整数的除法。"（方法一和方法三略过）

（3）学生尝试练习：7.2÷0.6。提示学生用多种方法，完成后说一说计算的过程。

（4）总结：除数是小数的除法，我们应该注意什么？有学生说："把被除数和除数的小数点去掉后再算。"也有学生说："把被除数和除数扩大相同的倍数变成除数是整数的除法再算。"……教师说的意思也差不多，但还是没有说明小数点的移动和位置。

（5）巩固练习，书本练一练的第（1）（2）（3）题。

下课后我心中跳出的想法是：如果被除数和除数的小数位数不一样，学生会怎么做？带着这个疑问第二天我又走进了这位教师的数学课，这节课出现了这样的算式：5.28÷1.2。这时我发现班里不少学生都是直接把两个数的小数点画掉后进行计算……这时我的心中不由想道：数学课上老师的语言要准确。

一、老师的语言不能产生歧义

课中学生在分享方法二时，学生说的"把5.1和0.3都扩大10倍"和教师的小结都是不够严谨的，因为扩大与乘法不是对等的，加法也有扩大的意思，所以应准确地说：根据商不变的规律，把5.1和0.3同时乘以10，商不变。书本上是这样说的："被除数、除数同时扩大到原数的10倍，商不变"，"扩大"和"扩大到"是有区别的，个人建议还是与商不变的规律同步，说"同时乘以10"更好一些。

二、教师的语言不能误导学生

课中学生在分享方法四时说的"把被除数5.1和除数0.3的小数点画掉"，这样做只有在做这道题时是可以的，而且这也是学生在教材中看到的表面现象。如果教师小结时不能准确地表达这个过程，就会直接影响学生后面的学习，所以第二节课当被除数和除数的小数位数不一样时，出问题的学生就比较多，此处教师要引导学生正确地理解：5.1和0.3同时乘以10，也就是小数点同时向右移动1位，0.3的小数点移到了3的后面，5.1的小数移到了1的后面。这样既为后面被除数和除数的小数位数不一样的算法打好基础，也为确定商的小数点位置打好基础，同时也是学生准确理解小数除法的算理和掌握数法的基础。

三、方法的小结更要准确

学习后的总结非常重要，因为它是最后的总结性语言，是学生需要理解和掌握的，是后续学习的基础。本节课教师的总结就没有起到促进后续学习的作用，主要是教师没有关注小数点的移动。小学有很多算法和规律的总结，教师一定要严谨，做到科学、准确、不啰唆，促进学生对知识的理解、掌握和数学思维的养成。

"热闹课堂" 不妨来点冷思考

肖财生

最近在二、三年级听了几节数学课，每节课都很"热闹"，教师和学生的情绪看上去都很高涨。具体表现如下：一是教师都比较注意让学生开展自主学习；二是一节课中多次出现热热闹闹的讨论与交流；三是学生回答问题后教师都会大声表扬学生"你真棒"，或者经常组织给学生鼓掌；后面在高年级听了几节课，课堂中这样的"热闹"场面也随处可见。当我们纵深思考这些"热闹"过后的课堂教学效果时，则不难发现，"热闹"之下，还有一种"浮躁"的表现。我觉得在课改过程中还要守住一颗平常的心，不妨经常给我们的"热闹课堂"来点冷静的思考。

一、自主学习不能让学生"自流"

一位六年级的教师在执教"圆的周长"一课时只是给学生几个圆和一些测量工具，没有给出任何提示，就让学生分小组自主探究圆周长的计算公式。每个小组的学生要么不知道如何量圆的周长，要么量出了圆的周长，但探究不出周长计算的公式。还有一位三年级的教师在教学"两位数乘两位数"一课时，就让学生学习书本第34页，没有给出任何学习的提示和要求，学生很快就一个个争先恐后地举起小手向教师报告学好了。我看了边上几个学生，发现他们就是把书本上算式中留的空和后面的答案写上，就是学好了。

自主性学习是《义务教育数学课程标准（2011年版）》提倡的一种学习方式，越来越受到一线教师的青睐。但自主性学习的理念在转化成教学行为的过程中出现了异化，在理解上出现了误解。教师容易走进以下两个误区：

深圳实验承翰学校

一是认为学生自主学习教师就可以退居幕后了。

二是有的教师只让学生自学课本第几页，并不做要求，如怎么学，学的过程中要思考什么问题，要解决什么问题，要学到什么程度，学完后应初步达到什么目标等，没有提出具体要求。

这样的自主学习实际意义不大，很多时候是在浪费时间。真正意义上的自主学习不应是学生单方面的行为，而应该发挥教师和学生两方面的作用。在教学活动设计中教师是主体，在后学习活动中学生是主体。

二、合作学习不能剥夺学生独立思考的时间

合作学习是《义务教育数学课程标准（2011年版）》提倡的一种重要学习方式，但不是堂堂数学课都要采用合作学习，也不是每个知识点都要合作学习。有的教师一味地追求课堂合作，学生个体轻而易举就能解决的问题，教师仍要求合作解决。例如，二年级一位教师在教"20+30=？"的题时也让学生进行讨论，好像一节课不管学习的内容对学生有没有难度都要开展合作学习。还有一些问题确实需要合作的，但在学生没有任何思考的前提就开始合作学习，这样要么一哄而起各说各的；要么组内优生侃侃而谈，其他学生处于"陪学"地位；要么学生不着边际，离题万里。凡此种种，表面上看热热闹闹，但都没有处理好合作学习与独立思考之间的关系。

三、教育评价既要关注鼓励性评价，也要关注客观性评价

"你真棒""你真聪明""你真了不起"这类赏识性的话语每节课都大量存在，经常能听到热烈的掌声。在新课改形势下，小学数学课堂发生了巨变，一个鲜明的特点就是：课堂上教师对学生的斥责少了，表扬多了；批评、否定少了，鼓励、肯定多了。鼓励性评价肯定可以使学生体验到成功的乐趣，激发学生的积极性和创造性，树立学习信心；但对学生在课堂上的表现进行客观性评价也是不容忽视的。然而当前在课堂上，有时只要学生开口发言，教师就会用这些语言进行鼓励，不管问题是否具有挑战性，也不管学生解决问题的质量如何。例如，在认识小数时，学生准确地读出几个小数，教师就热情地表扬道："你真棒，掌声送给他。"这种廉价的表扬偶尔可能发挥激励的功能，但经常使用必然会带来负面影响，使学生内心深处滋生"自命不凡"的想法，难

以形成科学的"自我认识"。所以，我们在课堂教学评价时要把握分寸，不仅要满足学生喜好表扬的心理需求，更要关注学生学习过程中的困惑和体验，对学生发表的一些见解做出恰如其分的评价，既肯定其成功的地方，也指出其不足，引导学生进一步提高。

我想，教师在新课程、新理念的指引下，大胆进行课改的同时，也要守住一颗平常心，冷静地思考当前的现状，决不能把课改新理念当作新的教条和新的框框来约束我们的教育行为。

深圳实验承翰学校

关注抽象过程　建构数学模型

肖财生

五年级数学期中试卷中出现了这样两道题。①$1.5 \times 43 + 1.5 \times 57 = 1.5 \times$（43+57）运用了什么运算定律，结果有四分之一以上的学生选择的是乘法结合律；②计算（2.5+11）×40和98×43，结果有10%左右的学生写成了下面的过程：（2.5+11）×40=2.5×40+11和98×43=100×43－2。期中考试后刚好四年级学习运算定律，我听了两位四年级教师的课，基本是按照书本的情境快速地学完了乘法分配律这一内容。后面我还跟踪了一下这个单元的学生练习，问题普遍较多。结合这些状况，我也调查了学生的学习，同时翻阅了一些资料，我开始反思。

乘法分配律不仅是一个很重要的数学模型，应用也非常广泛，而且是一个比较难的数学模型，因为从名字上看叫作乘法分配律，实际上却要结合乘法与加法、减法之间的关系，甚至还扩展到除法。其实学生从二年级学习乘法口诀时就开始接触这个数学模型，到三年级的多位数乘法、长方形周长计算等，只是到四年级才正式学习这一模型，再到后面五、六年级的广泛应用，进入初中阶段还经常要用到。

结合这些，我与教师一致认为在学习本课时应为学生提供丰富的素材，并给予学生充分的时间和空间经历"观察发现—猜想归纳—多元表征—验证理解"的探索过程，逐步丰富学生对乘法分配律的认识，达到对乘法分配律这一数学模型的理解感悟。因此，第二年四年级在教学这一内容时，我改变了教材上的学习过程，设计了以下几个环节来帮助学生建构和理解乘法分配律这一数学模型。

一、创设情境，激发兴趣

出示情境图：在运动会上二、三年级学生准备表演跳绳，四、五年级准备表演团体操，运动场四周每隔5米插上彩旗，要先算出周长才知道需准备多少彩旗。下面就一起来解决运动会中的数学问题吧！你们有信心吗？

图中信息如下：

二、三年级参加跳绳表演，二年级有6个班，三年级有4个班，每班需领24根跳绳，请问一共需要领多少根？

四、五年级参加团体操表演，其中女生站9排，每排16人；男生站11排，每排16人。请问一共有多少学生参加？

学生表演的运动场是一个长120米、宽80米的长方形，请问周长是多少米？

二、解决问题，感知模型

学生根据情境解决上述三个问题，完成后汇报展示。

教师引导学生展示不同的解题思路，学生通过观察发现这些算式是相等的，初步感知乘法分配律。

三、猜想归纳，解释模型

首先，观察三组等式：

问题一：$(6+4) \times 24 = 6 \times 24 + 4 \times 24$

问题二：$9 \times 16 + 11 \times 16 = (9+11) \times 16$

问题三：$(120+80) \times 2 = 120 \times 2 + 80 \times 2$

你发现了什么？像这样的算式是偶然巧合还是有其规律呢？你能大胆地猜一猜吗？猜想后请先列举几组具有这样特征的算式，验证它们是否相等。

其次，教师指导学生结合问题的实际意义和数学运算的意义对算式进行说理。

最后，学生选择一个问题或一个算式相互说一说。

四、多元表征，建立模型

你能用文字、图形或字母等方式来表达刚才发现的规律吗？

学生先独立思考，再同伴分享，然后汇报交流，学生汇报时逐步规范，形成下面两种表示方式：

$$（a+b）×c=a×c+b×c$$

$$a×c+b×c=（a+b）×c$$

五、推理验证，理解模型

教师引导学生从以下情境中选择一个或几个，再次说明乘法分配律的正确性，从而验证这个数学模型，达到进一步理解的效果。学生先独立思考，再小组讨论，最后全班展示评价。

（1）请你说明$4×9+6×9=（4+6）×9$是成立的。

（2）与同伴说说等式$3×6+4×3=（6+4）×3$为什么成立。

（3）原草坪长90米、宽50米，新增草坪长40米，宽与原草坪相同，请用不同的方法计算增加后草坪的面积，说明乘法分配律是成立的。（单位：米）

（4）请你根据$14×12$的竖式计算的过程说明乘法分配律是成立的。

```
    14
  × 12
 ─────
    28 … 14×2
+ 140 … 14×10
 ─────
   168 … 28+140
```

六、分层巩固，拓展提高

我设计了以下三个不同层次的练习。

1.基础练习

（1）填一填。

（10+4）×25=____×____+____×____。

125×53+125×27=（____+____）×____。

（2）判断下列等式是否运用了乘法分配律。

27×73×45＝（27+73）×45   （   ）

（8+4）×25＝8×25+4   （   ）

2. 综合练习

解决下面的问题，并说明乘法分配律是成立的。

小林和小刚两人在运动场上进行跑步训练，小林每分钟跑280米，小刚每分钟跑320米，两人都跑了6分钟，两人一共跑了多少米？

3. 拓展练习

想一想乘法与减法之间有没有这样的规律呢？试着举例说明。（课后思考）

本节课让学生经历了发现规律、提出猜想、解释规律、个性表征、应用实践的过程。学生在观察、分析、抽象、概括、选择、判断等数学活动中，完成了推理、抽象，建立起乘法分配律的模型。在后期做计算题的过程中，学生对于乘法分配律的应用比以前教的正确率高了很多，同时在解决一些实际问题的过程中，学生也能经常主动运用这一规律解题。

深圳实验承翰学校

德兴小学

给孩子一次话语权，孩子将还你一个惊喜

陈 佩

作为一名新教师，我在备课时常常会考虑得不够周全，对于学生回答的预设也可能会不太全面。我在教授三年级上册"看一看（二）"一课时，两个班的学生都发现了一个我在备课时没考虑到的问题，让我很是惊喜！题目是这样的：淘气、笑笑和奇思分别从正面、侧面、上面三个方位来观察牙膏盒与水杯，下面这两幅图分别是谁看到的？笑笑说她看不到牙膏盒，对吗？

（1）图1分别是谁看到的？想一想，看一看，图1显示奇思在物品的上面，淘气在物品的正面，笑笑在物品的左面。

（2）笑笑说她看不到牙膏盒，她说的对吗？

（a）正视图

（b）俯视图

（c）人物方位图

图1 牙膏水杯观察图

对于第（1）题，学生很容易发现淘气和奇思观察到的图片呈现方式，而当我提问笑笑观察到的是什么样的画面时，出现了两种答案：①笑笑只能看到水杯，因为牙膏盒被水杯挡住了（这种想法认为水杯比牙膏盒宽）；②笑笑能看到水杯和牙膏盒的四个角（这种想法认为水杯比牙膏盒窄）在备课时，我也考虑到了这两种回答。在学生回答完这两种情况时，我正准备表扬学生考虑得真全面，这两种情况都有可能存在，突然有一个反对的声音出来了！我愣住了，他会提出什么问题呢？我该不该让他说呢？思考了几秒，我还是觉得需要尊重每个学生的想法，课堂本该属于学生！他很激动地站起来说："老师，我认为笑笑只能看到水杯，你看奇思从上面看的图，他的图很明显地显示杯子比牙膏盒宽，所以笑笑的方位牙膏盒一定会被杯子挡住的！"我惊讶了，孩子的观察原来可以如此细致、全面！我大大地赞赏了他，也很庆幸我给了他发言的机会。给孩子一次话语权，孩子将还你一个惊喜！也许这就是二次备课的意义吧！课堂是灵活的，是生成性的，而不是照本宣科！

德兴小学

我们都是潜力股

陈 佩

　　"老师，三年级的数学好难啊，我总是学不好，我是不是太笨了？"班上一个学生心情低落地问道。我心头一紧，怎么会这样怀疑自己呢？连忙回答道："没有！你一点都不笨！你看你学琴，学画画，学编程……都学得那么好，怎么会笨呢？相信自己，你是最棒的！"听完我的安慰，学生微露笑容，放松了一些。

　　到了三年级，很多学生在数学方面出现了滑坡的现象，班级学生分层也慢慢地体现出来了，部分学生出现不自信、自我放弃的现象，我该如何帮助这些学生找回自信呢？留堂？个别辅导？貌似这些方法既耗时又效果不佳，甚至会让学生更加抵触学习。回想了听过的一些专家讲座，看过的一些教育书籍，我突然想到"建立小群"的方法！将这些成绩落后的学生集中在一个学习群里，布置特殊的作业来打牢他们的基础，巩固课堂上没学好的知识。

　　怎样让他们觉得不是因为学习不好而被加罚作业呢？我灵机一动，想到"潜力股"这三个字！"对！没错！他们就是潜力股！"我非常开心地想到了"忽悠"他们的办法！第二天，我就找来两个班各十来名"潜力股"开了个小会。"今天召集你们是有一个好消息要告诉你们！你们是被我选中的'潜力股'，我们会有一个私密的群完成一些秘密任务！"我"忽悠"着。"什么任务？什么任务呢？"学生在下面议论着。看着他们满脸的笑容，我知道我的"忽悠"已经成功一大半了！"老师准备从你们当中选一批小老师来录制一些好的讲题视频给全班的学生学习，由于这个任务比较重要，所以我需要选拔一段时间，我给你们建立了一个'潜力股'群，你们回家让家长加进来，我每天都会在里面发一两道题，你们做完后录制成讲解视频发送到群里，我每天都会看，会挑选一些好的讲解视频保存下来发送给班上其他学生来学习，也会通过你们发的视频来选出优秀的小老师。"我继续"忽悠"着。这些学生都非常开心地笑了，从他们的笑容中我看到了他们的自信、自豪。我给他们发了一个特定的本子用来完成这个作业，并交代他们这是属于我们的秘密，不能告诉班上其他同学。他们非常开心地接受了这个任务！

　　每天一道题，每天一个讲题视频，从刚开始不自信地勉强讲完题到后面流畅自信地讲解，我看到了学生一点一滴的进步！家长反馈，孩子为了完成好这个任务，自己私下一次又一次地练习讲解，直到满意才愿意发到"潜力股"群。在他们遇到不会做的题时，他们也没有放弃，而是通过观看群里其他同学发的讲解视频，先学懂再自己来讲解。每个学生都是"潜力股"，激发他们的学习欲望能给你带来惊喜！看着努力、坚持、重新找回学习动力的他们，明白了教师的责任不仅仅在于传授知识，更重要的是让学生能保持学习的热情，主动求知！我坚信，我们都是"潜力股"！

德兴小学

数字、数字，我会写

——谈谈一年级数字书写教学心得

石宝红

　　小学是我们接受系统学习的第一个阶段，一年级第一学期又是整个小学阶段的基础。在这个阶段养成了什么样的习惯对学生今后的人生也是非常重要的。

　　在书写教学中，我们总是认为写好字是语文教师的事，数学作业只注重学生作业中的几个数字和作业的正确性，其他方面都是次要的。不就是几个数字嘛，幼儿园的孩子都会写。就是这种心理上的不重视，久而久之在学生的作业中得到了体现。我们不难发现学生的数学作业远不及语文作业工整，也渐渐发现学生数学作业的整体质量比语文差。

　　数学规范书写很重要，数学学习不仅要正确地书写阿拉伯数字，把数字书写得认真、细致、工整，还要讲究具体题目格式的规范、计算过程中巧妙的书写，等等，这些都直接影响着学生的计算正确率。有的学生计算错误率高，固然有概念不清、没有真正理解算理和熟练地掌握算法等原因，但是没有养成良好的书写习惯也是重要原因之一。而有的学生并不是算理没有掌握，也不是计算能力差而算错题目，主要是因为没有规范书写而造成计算错误。在数学作业中有的学生在书写数字0~9的时候非常不规范，而当过一段时间自己再回头看这些数字的时候也许根本认不出写的是什么。

　　一年级第上学期的学生刚入学，年龄小，心不定，自控能力差，这时合理安排数字书写教学环节，上有意思的数学课就非常重要。首先要引起学生和家长的重视。很多家长和学生都觉得数字在幼儿园中就学过了，太简单。其实数字教学不仅是教数字的书写，还要有学习习惯的培养，如何听课，如何做作业，如何静心等。另外，学生在幼儿园学写数字并不是真正意义上的写字而是画字，他们只是单纯地把数字画下来，只追求一个神似，这种状态下的数字还只是一幅画，如何才能真正地让学生学会写数字呢？

一、做准备，做好写字前的准备

一年级学生在学写字前，每一位教师都应该提醒学生做到头正，做到"一尺、一寸、一拳头"，即肩平，眼睛距纸面一尺、笔尖离握笔处一寸、胸口离桌子一拳。当然，我们的强化不是让学生死板地练，而是通过矫正其错误的行为习惯，利用各种方法强化其养成正确的书写习惯，好的书写习惯才会让孩子终身受益。为了让这个环节更能为学生接受，教师可以让学生写字前一边唱坐姿歌，一边做动作。

二、会观察，注意格式要求

低年级学生学写数字时有专门的小方格本。首先，教师应指导学生观察小方格本的整体特点；其次，教师一边示范一边告诉学生，数字需要写在日字格中，每写一个数字需要空一个日字格，每写完一行需要空一小格。从第一节写字课开始就应该让学生知道写字有规则。为了让这一环节更有意思，教师在教学中可以形象地告诉学生一个日字格就是一座小房子，每座房子里将会住进一个数字，每空一行那是街道，等等，把抽象规则变直观，让学生更容易接受。

三、会书写，写出规范漂亮的数字

一切工作准备就绪后，开始写，写要经过三个阶段：

第一阶段学会在小方格内写数字（见图1）。学生年龄小，手指小关节也不是非常灵活，而且刚从幼儿园画字出来，还很难把竖写直，把弧线写光滑。这时就需要教师给学生一个写字的框，并要求学生在框中写出的数字顶天立地，工整、大气。教学中教师要先抓住1、2、3、4这四个数字。教师在教学中语言要尽量儿童化一些，让学生能听得懂，如教师教学生写"1"时，可以指导学生先观察，然后把"1"请进日字格的房子里，注意要是顶天立地的、斜斜的大"1"。什么叫顶天立地呢？就是头顶着天花板，脚踩着地板，身体稍稍斜一点，这样让学生有一个直观的参照，以后写其他的有竖笔的数字时都会有意识地稍斜。例如，教写"2"时，教师指导学生观察"2"像只小鸭子，它有一个圆圆的脑袋，有一条平平的尾巴。我们在书写时也需要在日字格里写出一个顶天立地的2，注意起笔和2上半部分的弧线如何写，在写的时候，可以让学生边说边写，"小2小2像鸭子，圆圆脑袋圆又圆，平平尾巴平又平"，这样，一个顶天立地的2就写完了。这样对以后书写有弧线的数字（如5，6，8，9，0等）等有很好的帮助。就这样通过练习，学生在日字格中已能很好地写出数字和10以内的加减算式，进而从幼儿园中的画数字过渡到小学的写数字。

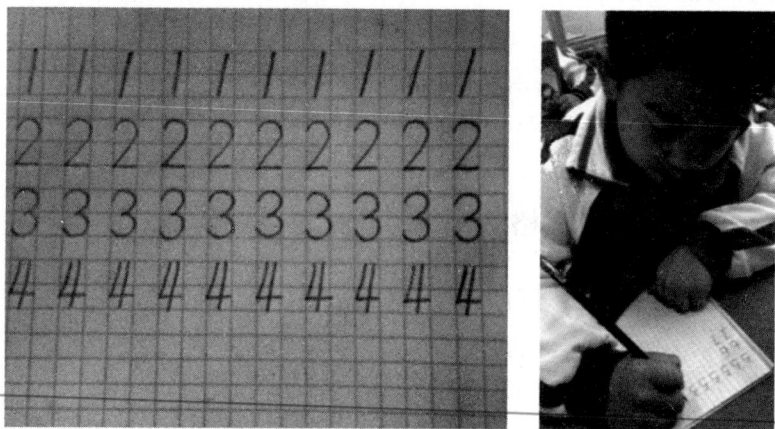

图1　学生在小方格内写数字（一）

第二阶段要求学生学会在单行本上写数字（见图2）。当学生能够在日字格中规范地写出数字后，就开始到半扶半放的阶段——在数学单行本上写数字。学生慢慢脱离日字格的框，在没有框的约束下自己写，注意有弧线数字的书写。在写的过程中学生要写顶天立地的数字。刚开始受各种因素的影响，有部分学生不能达到老师的要求，这非常正常，因为从开始给好格式和距离到单行本上自己有意识地分好距离对学生来说也是个考验。

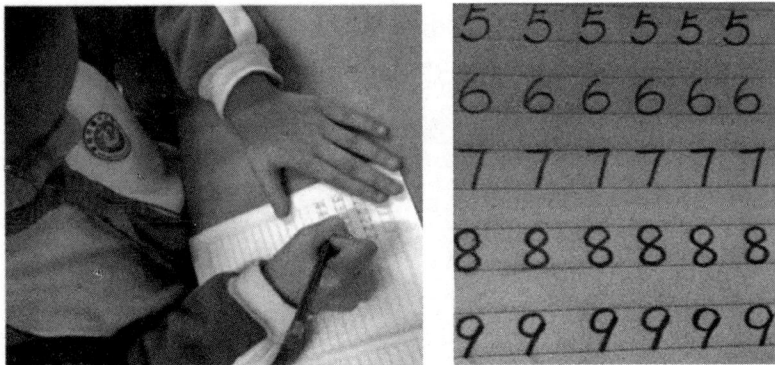

图2 学生在单行本上写数字（二）

第三阶段要求学生在白纸上写数字（见图3）。当学生能够在单行本上写出规范的数字，并能合理分配好字与字的间距后（个人经验，这个环节用时会较短），就到最后阶段完全脱离框和线，直接在白纸上写，这样让学生的数字书写定型。通过以上两个阶段的训练，学生已经知道什么样的数字才叫美，也能够写出规范的数字。没了难度，学生会有些烦躁，各种小小的书写坏习惯也会出现。这时教师要调整自己的教学方式，不要再多次重复书写，可以根据不同学生的情况布置不同的书写作业，而在教学中重点提醒几个比较易错的数字，如"1"和"7"，"0"和"6"，"3"和"5"；可以小故事的形式告诉学生把数字写错是多么不好的习惯，再一次强调正确的书写方式。

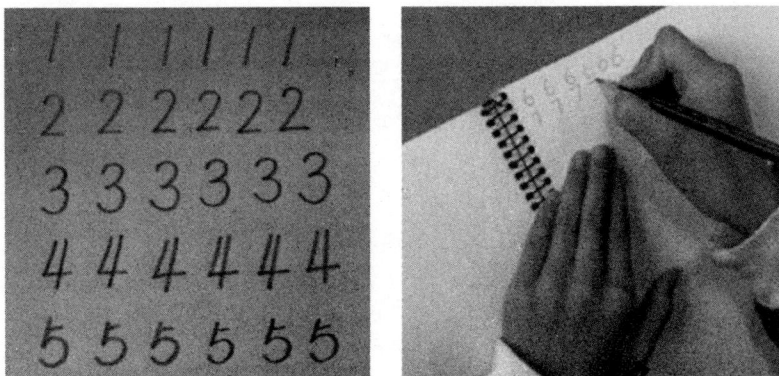

图3 学生在白纸上写数字（三）

数字教学并不仅仅是一年级教师的任务，各个年级的教师都可以利用开学的第一周和期末测评的前一周适当布置一些书写作业，对学生的书写进行梳理和规范。教学无小事，书写要规范。在教学中，作为教师的我们也要以身作则，规范自己的书写，形成良好的书写风气。

我的课堂我做主

——练习课随想

石宝红

"唉！下午的数学课本来就难上，按照计划今天下午还得上练习课，那更是难上加难。学生的注意力都不集中，思维不活跃……"进班前我还在嘀咕，进班一看学生有气无力的样子，我灵机一动，今天就不用"老三样"（教师讲，学生练，再检查）了，换个教法。

我的教学过程如下：

师：石老师想请一名小助理，谁想报名参加呀？

（学生十分愿意为教师分担一些事情，所以反应很热烈。）

师：报名的同学这么多，可老师不需要这么多助理，只需要两位助理，该怎么办呢？

生：那就选拔呗！谁优秀就选谁。

（通过这样的互动，立刻把学生的注意力集中起来。不刻意讲纪律，水到渠成地进入练习课。）

师：今天我们要上一节练习课，那就用这节课的内容进行一场比赛吧！请同学们翻开数学书看练习二的第2题，这是一道情境应用题。（题目：开家长会，单人椅有34把，双人椅有8把，一共有多少人？）谁能说一说：这道题怎样做？为什么这样做？

（二年级的学生还没有经过系统的回答问题训练，如果贸然让学生站在讲台上，学生可能因为一时不知从何说起而显得无所适从，打击了学生的自信心，这时要给学生充足的时间进行小组间的讨论。）

生1：先读题，再列式。2×8=16（人），16+34=50（人）。

师：同学们，你们听明白了吗？如果有不明白的可以向台上的同学提问。

（鼓励学生善于发现问题，会提问题的学生最聪明。）

生2：你为什么这么做？

生3：为什么要2×8？

生4：你看完题后，第一件事情是做什么？

生5：你还能想到别的方法吗？

（教师要控制学生的情绪，引导学生一个个地回答。如果一个学生不能全面回答，可以让其他学生帮忙。要给各个层次的学生机会。）

最后让我大开眼界的是，有些学生说先读一遍题，找到问题，问题是一共能坐多少人，而单人椅有34把，每把可以坐一人就可以坐34人。每把双人椅可以坐2人，双人椅一共可以坐16人，所以一共可以坐50人。有些学生说这道题不仅可以写分步算式，还可以写综合算式。还有些学生说解这道题的关键是要知道双人椅可以坐两个人。

我趁热打铁，让学生用这种方法完成余下的情景应用题。这样一节课很轻松地完成了，整堂课学生思维活跃，人人参与，把一些数学算理说得非常清楚。要知道数学课不单单是让学生做对题去应付考试，更重要的是让学生说出算理。正所谓"要知其然，更要知其所以然"。

一节课下来，我认为开展这样的练习课教学时要注意以下几点：

（1）在教学过程中要相信学生，当学生说不出来时，不要替他急，更不能因为自己教过的知识学生不会而恼羞成怒；不要包办，给他们充分的时间思考和讨论。

（2）教师要善于抓住学生的闪光点。当学生在回答问题时出现思维爆发点时，教师要及时鼓励。

（3）教师要做好穿针引线的工作。当大部分学生进入思维的瓶颈或者死胡同时，教师要不露痕迹地把他们引回课堂。

漫漫学习路，好比长跑马拉松，练习教学贯串整个学习始终。如何让练习课更有意思，让学生更主动，作为教育者的我们应重新定位自己在课堂中的位置。

练习课课堂并不是教师一人独大，总觉得学生的思维不够活跃，那是因为我们没有让他们打开思维的那扇门。教师应该做一个智者，当教会学生知识后，就让他们在知识的海洋中自由畅游，让他们自己用一砖一瓦搭建自己的知识大厦。学生的未来是需要他们自己用脚去丈量的。把练习的课堂还给学生吧，让他们骄傲地说："我的课堂我做主！"

德兴小学

孩子，谢谢

石宝红

　　时光飞逝，成为一名教师，准确地说成为一名启蒙教师已经好多年了，曾经有一段时间每每看到毕业班的学生兴高采烈地和毕业班教师毕业留影时，心里不禁泛起一阵阵涟漪：对于他们来说，比起教他们高年级的教师，我这个曾经的启蒙教师应该早已不留下什么痕迹了吧！那种从心底冒出的落差感在泛滥着，工作上的倦怠抑制不住地弥漫。

　　"孩子，你还记得我吗？"一个声音总是在问。直到2009年我收到那份珍贵的礼物，至今它还放在我家最显眼的位置。

　　2009年的教师节，学校大队部代表全体学生送给每位教师一本同学录，收到时并不在意，想想一群小屁孩能写些什么，不过是小朋友过家家的游戏。打开后我却欣喜若狂，除了幸福之外还是幸福。我没想到我给学生留下了这么美好的回忆。教师也是需要鼓励的。

　　同学录里写留言的学生包括2008级、2006级，还有即将毕业的2004级学生，特别是即将毕业的2004级学生，厚厚的一本。每次在工作中遇到难题或者不愉快时，我都会翻一翻，它就像我的心灵鸡汤。

　　2004级的小昌写道："老师，这是我在小学的最后一年，记得您是我一年级的数学老师，您经常会在讲完课之后，给我们班讲《小蒜头的故事》，我是多么怀念您教我们知识的时光。老师，您能告诉我小蒜头故事的结局是什么吗？"看着他写的留言我仿佛又回到他们班，现在我还记得当时听故事时他那双大大的眼睛。小昌的数学成绩一般，但特别爱听故事，而且羽毛球打得很不错。我真想告诉他：小蒜头的故事是没有结局的，因为我希望每个学生都像那颗小蒜头一样乐观、向上、勇敢又充满智慧。

2004级的小珊瑚写道："老师，我是小珊瑚，一年级时是您教我的，三年级时，您曾让我去您那儿写数学作业，我的数学现在好了很多，再也没有七十多分了，谢谢！"小珊瑚是一个非常漂亮的女孩子，她总是不爱说话，微笑地看着你。

2004级的小文："石老师，在我们班上有好几个是您的学生呢！听说要写同学录给老师，我们第一个就想写给您。希望您现在教的班级的同学写同学录时也是第一个想到您。你不爱布置家庭作业，我喜欢！嘻嘻！"小文写的留言真是图文并茂，还加了些我也看不懂的暗语。一看就知道还和一、二年级一样快乐。

2006级的小越："想到您给我们讲故事时，大家都全神贯注地听。每到考试时，我们总能考出好成绩，那是因为有您艰辛的付出，没有您，就没有现在的我，谢谢您！"小越是个聪明的女孩子，她非常文静，有时上课都感觉不到她的存在，我经常会为这个感到生气。可是之后她还是老样子，对我笑笑就过去了。

2006级的小茵："老师，您辛苦了，我谢谢您！您还记得我吗？我想问您一个问题：'您快乐吗？'"小茵，老师真想告诉你：我还记得你，特别记得你那短短的头发，我还曾问过你妈妈，为什么把你的头发剪得那么短。老师还想告诉你，我很快乐，因为有你们。

2008级的小霖刚上一年级，还不太会写字，她是请家长代笔的："您是我最崇拜的老师，祝您教师节快乐！"2008级的小希也用拼音写了长长的一句话。

还有好多好多，我感慨万千，在他们的课堂中我也曾有过简单粗暴，也曾有过不近情理，也曾有过言语伤害，等等。可善良的有着水晶般心灵的孩子们都忘记了，在他们眼中我是那个会讲、爱讲故事的老师，是那个数学超厉害、英语也不错的老师，是那个不爱布置家庭作业的老师，是那个非常爱他们的老师。

孩子们，谢谢你们。老师虽然没有你们眼中那么好，但会成为那么好的老师。时间过得飞快，转眼2020年也快过半了，当年那些还只会写拼音的孩子都已长成大孩子了，考上了大学。当然，也因为害羞已不再像小时候那样大声和我打招呼了，遇到时也只会含蓄地笑笑，飞快地从我身边走过。孩子们，老师懂得，不是假装不认识，仅仅是因为长大了。

前几天，遇到了2004级的小政，他已经是1.8米的大小伙子了。他热情地和我打招呼，我也不假思索地喊出了他的名字。"老师，你还记得我呀！"那欣喜劲不言而喻。我反问道："你不是也记得我吗？我可是你的启蒙老师呀。"两人相视而笑，当时我觉得我只是他曾经的老师，现在我们是朋友，感觉真好！

现在我又成了一批又一批孩子的启蒙老师，职业的倦怠感早已没有，成就感越来越强。孩子们，谢谢你们！

我们一起编故事

石宝红

低年级数学学习最重要的是计算，计算看着很容易，却很容易出错，而做错时家长和学生往往爱从粗心中找原因。其实计算出错就是在计算方面出现了问题，学生在学习计算的算理时并不是非常清楚，没达到融会贯通。如何讲好计算的起始课？我和学生一起编故事。

例如，在教一年级的数位表时，如果只是通过计算器、小棒及数位表去让学生认识数位是非常困难的，因为对数位的理解本身就非常抽象。我在讲授这节课时，就给学生编了一个故事，故事是这样的：在数字王国中有许多的小房子，每个房子里都住着一些数字，为了记住小房子，所以每个房子上都会有门牌号，门牌号按顺序从右起写着"个、十"。我这么一说，学生也觉得非常有道理，便记住了数位表。

在一年级下学期教加法竖式时，我又编了一个小故事，这次是采取互动式故事法进行教学。

在讲"28+4"进位加法时，我说："大家都知道在数字王国里有许多数位小屋，个位小屋里只能住个位上的数，十位小屋里只能住十位上的数。（解决相同数位对齐的问题）一天个位上的8和4一起跳圈圈舞就变成了12，这时候个位小屋就住不下了。"

师：住不下，怎么办？

生：搬进十位小屋。（理解满十进一）

师：所以12中的"1"站在十位小屋的门口，敲门。十位小屋里的数就问"你是谁？"

生：我是一个十。

师：你从哪里来？

生：我从个位来。

师：个位怎么来？

生：个位8+4=12，个位住不下。

师：十位小屋打开了门，从个位来的1个十和十位小屋里的"2"一起跳圈圈舞，变成了3。

通过这样互动式的讲故事，学生用自己的方法理解进位加法竖式。

在教学中，教师设计童话情境，穿插童话情节，童话里的人物无比喜悦地走进了学生的脑海，枯燥的数学变得有生命了，理性的思维变得柔软了。慢慢地，学生有了一种童话的眼光、一种童话的思维、一种童话的感性。

吉祥小学

"守住嘴巴"，把课堂还给学生

陈炳富

转眼间，今年已是我工作的第三年了，我继续跟着原先的班级，负责三年级教学。今天我正在教授"买文具"第二课时，本节课属于计算课，前面已经学习了"买文具"的第一课时。"买文具"这节课的主要学习内容是学习"除加除减混合运算及其应用"，主要教学任务是根据题目的问题情境列出综合算式解决问题，并理解算式每部分的实际含义，进而更进一步地理解"在除加除减混合算式中，应该先算除法，再算加减法"的运算法则。"买文具"第二课时属于第一课时的拓展和补充。

在第一课时中，我发现自己的语言比较啰嗦，课堂氛围不够活泼、生动，说了很多"无用"的语言。在本节课上，我基于对上一节课的反思和总结，针对自己讲话太多这个问题，对本节课的语言做了精简，多提启发性的问题，如"要解决这个问题，我们需要知道哪些信息？""我们要先算什么？"和"哪一种物体价格更贵？"坚持"捂住自己的嘴巴"，不重复说学生已经表述清楚的语言，不提反复无用的问题。我通过以上三个启发性问题，反复引导学生思考"要想解决这个问题，我们要先算什么？再算什么"，聚焦思考综合算式中的"除法算式"部分表示的含义是什么，进而突破难点。

在本节课堂上，我精简语言，以"要解决这个问题，我们需要知道哪些信息？""我们要先算什么？"和"哪一种物体价格更贵点儿？"作为引导语。整节课下来，课堂教学效率非常高，学生的注意力集中且积极发言，学生都参与到课堂讨论中，课堂学习气氛活跃。在以后的课堂教学中，我将继续借鉴本次课堂的教学经历，精简语言，多提"启发性"问题，把课堂还给学生。

巧用数学游戏激发学生的学习兴趣

陈炳富

转眼间两个月的暑期生活结束了，9月1日如期而至，我们重新回到了充满欢声笑语的校园。在本学期，我继续负责原班级的数学教学，转眼间孩子们步入三年级了。三年级在小学学习阶段是一个转折点。三年级的知识难度、学习方法与一、二年级的时候都有很多不同，为了更好地激发学生的学习热情，在本学期的开学第一节课我给他们准备了"火柴棍游戏"的数学游戏课。

本节课的主要内容是，在"由2×3的小正方形拼成的大长方形"的图形里，按照要求做到"取走3根火柴棒，使其只剩下4个相同的正方形""取走4根火柴棒，使其只剩下4个相同的正方形""取走5根火柴棒，使其只剩下3个相同的正方形""取走6根火柴棒，使其只剩下3个相同的正方形"。课堂上，学生高高举起小手，不断地用各种方法尝试去完成任务。尽管在探究的过程中遇到的挫折很多，但学生未曾气馁。经过积极思考、多次尝试后，学生最终顺利地完成了一个又一个任务，逐渐向更具挑战性的任务吹起了"冲锋"的号角。整节课堂，学生学习的积极性高涨，当学生经过多番尝试找出了解题方法的时候，欢呼声、掌声更是接连不断，大家都沉浸在奋斗后得到成功的喜悦之中！课后，经常有学生来问我："陈老师，我们这节课还玩火柴游戏吗？我们什么时候可以再上数学游戏课呀？"

在本节数学游戏课中，我有三点深刻的体会：

第一，在数学课堂上，我们要充分利用好各种错误的教学资源，数学课堂本身就是一个不断尝试、探究真理的过程，我们要尽可能地把学生各类典型的想法都展示出来，还原和展示学生对各种数学问题的思考过程。我们要善于把课堂上错误的教学资源有效地转变成学生走向探究知识的"垫脚石"。

第二，在课堂上我们要尊重学生学习的主体性。本节课上，学生相互展示、交流自己的方法，最终通过自己的努力，完成了游戏任务，成功的喜悦洋溢在每个学生的笑脸上。

第三，我们要注意培养学生的学习兴趣。俗话说："兴趣是最好的老师。"无论是转变后进生，还是培养高水平的学优生，我们都要以培养学生的学习兴趣作为教学工作的出发点。很多时候，我们在知识传授方面是不应该做到面面俱到的。在日常的课堂教学中，我们要更加注意激发和培养学生的学习兴趣，激发他们主动探索数学世界的欲望！

科技城外国语学校

小学高年级数学作业有效性选择案例

——专项练习

李明月

一、存在的问题

小学数学教师每天上完课后都要布置一些家庭作业，这些家庭作业往往是练习册中的两页，或者一张练习，或者一张试卷，里面往往包含了各种类型的题目，杂乱无章。部分学生遇到喜欢写的题目写一两道，容易写的写一两道，不会写或不想写的往往留空，部分学生全部按时完成的，也是应付了事，或者是迫于教师和家长的压力去完成，根本谈不上自觉完成，更谈不上喜欢，所以学生交上来的数学作业质量并不高。

二、目的

为提高学生学习的兴趣，作业的选择很重要。我想作业的有效性体现为三点：一是学生要会做，在做作业时体会到成功的喜悦，从而找到学习的自信心；二是学生做完这个作业之后对知识的理解和掌握；三是学生愿意主动完成作业。

三、分析学情和作业情况

学生的个体差异明显，学业水平参差不齐，大部分学生有的题目做一遍就懂了，有的做几遍都不懂，但教师往往就是喜欢让学生重复练习，不管是难题还是容易的题目，一张试卷一张试卷地练习，学生感到枯燥无趣，也不愿意去写，看到自己会的不想写，看到自己不会的更不想写，所以将作业进行分类练习就很有必要，将同类题型归纳在一起，并且分层次由易到难进行练习。每次练习前教师首先讲解一两道题目，每种题型在练习前给出一个例子，这样学生学会了就愿意做题，并且根据类推法，其他同类题目也能完成，学生会在做题中归纳总结出解这一类型题目的方法，从而找到学习的自信心。此外，分专项进行练习，学生会掌握得更快、更好。

上学期末，我们四年级的期末复习就采用了分专项练习的方法，效果比较好。以下是我们自己出的一些专项题目。

1. 简便运算分类练习

一、用简便方法计算下面各题。（共18分，每题2分）

$396+28+22$ $155+264+36+45$

$785-180-285$ $25 \times 7 \times 4$

$（68 \times 25） \times 4$ $25 \times 32 \times 125$

$36 \times （100+20）$ $125 \times 77+125 \times 3$

56×101

2. 竖式、递等式计算专项练习

二、用竖式计算。（共30分，每题5分）

$415 \times 79 =$ $405 \times 67 =$

$39 \times 470 =$ $480 \div 70 =$

$613 \div 60 =$ $8100 \div 90 =$

三、用递等式计算。（共9分，每题3分）

$[(21-9) \times 8] \div 4$ $210 \div [(51-48) \times 7]$

$312 \times (81 - 192 \div 8)$

3. 应用题专项练习

三、解决问题（前四题每题8分，第5题9分，共41分）

1. 在一个三角形中，∠1是50°，∠2是直角，∠3是多少度？

2. 一个长方形的宽是2米，比长短1.6米，这个长方形的面积是多少？

3. 淘气用两条长度都是3.65米的绳子接起来捆纸箱，两条绳子的接口处各用去0.15米，接好的绳子长多少米？

4. 爸爸的体重是70千克，比小明体重的2倍少20千克，小明的体重是多少千克？（用方程解）

5. 购物：

信息如下：

汉堡：12.70元　　蛋糕：5.80元　　书包：36.90元　　地球仪：12.50元　　饮料：4.60元

（1）买1个书包和1块蛋糕需要多少钱？

（2）买一个汉堡和一罐饮料，20元够吗？

（3）买31个汉堡，一共要花多少钱？

4. 易错题总结专项练习（见图1）

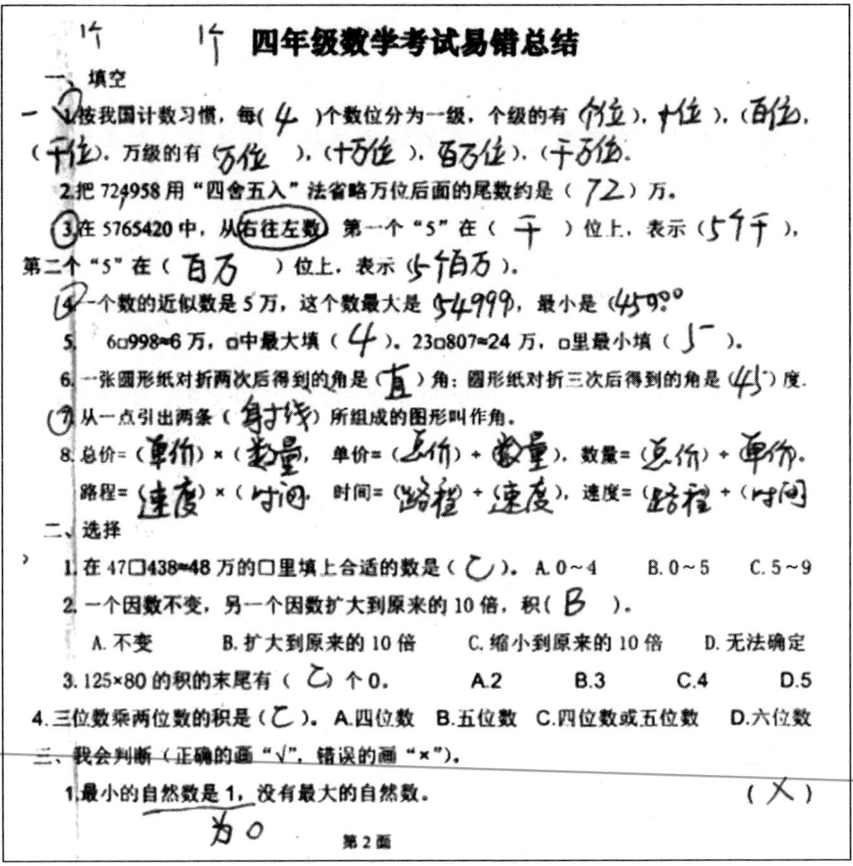
四年级数学考试易错总结

一、填空

1.按我国计数习惯，每(4)个数位分为一级，个级的有(个位)，(十位)，(百位)，(千位)。万级的有(万位)，(十万位)，(百万位)，(千万位)。

2.把 724958 用“四舍五入”法省略万位后面的尾数约是（ 72 ）万。

3.在 5765420 中，从右往左数，第一个“5”在（ 千 ）位上，表示（5个千），第二个“5”在（ 百万 ）位上，表示（5个百万）。

4.一个数的近似数是 5 万，这个数最大是（54999），最小是（45000）

5. 6□998≈6 万，□中最大填（ 4 ）。23□807≈24 万，□里最小填（ 5 ）。

6.一张圆形纸对折两次后得到的角是（直）角；圆形纸对折三次后得到的角是（45）度。

7.从一点引出两条（ 射线 ）所组成的图形叫作角。

8.总价=（单价）×（数量），单价=（总价）÷（数量），数量=（总价）÷（单价）。
路程=（速度）×（时间），时间=（路程）÷（速度），速度=（路程）÷（时间）

二、选择

1.在 47□438≈48 万的□里填上合适的数是（ C ）。A. 0~4　B. 0~5　C. 5~9

2.一个因数不变，另一个因数扩大到原来的 10 倍，积（ B ）。
A. 不变　B. 扩大到原来的 10 倍　C. 缩小到原来的 10 倍　D. 无法确定

3. 125×80 的积的末尾有（ C ）个 0。　A.2　B.3　C.4　D.5

4.三位数乘两位数的积是（ C ）。A.四位数　B.五位数　C.四位数或五位数　D.六位数

三、我会判断（正确的画“√”，错误的画“×”）。

1.最小的自然数是 1，没有最大的自然数。（ × ）为 0

第 2 面

图1　四年级数学考试易错总结

四、小结

通过以上一些专项训练，学生对乘法结合律、乘法分配律掌握得更牢固，对简便运算的方法技巧有了更进一步的理解，对三位数乘两位数、三位数除两位数的竖式计算算理理解得更到位。此外，几何的训练规范了学生的作图，使学生养成了用尺规的习惯，错题的总结练习巩固了薄弱知识，让学生对易错知识掌握得更扎实。

小学数学教学高效性的实践研究

李明月

新课程标准引领教学理念的更新，强调学生个性的发展，注重高效课堂的构建。作为小学数学教师，应该潜心研究新课程标准，研究教材和学生，采取恰当的方法和策略，有效优化教学模式，努力为学生创设一个民主、宽松、和谐的数学学习氛围，并最终构建高效的小学数学课堂。下文将展示部分小学数学教学高效的课堂实录。

一、联系生活实际进行数学教学

有效地把数学知识运用到实际生活中，这样能够保证学生学以致用，巩固课堂所学的知识点，让学生感受到数学学习的快乐。解决问题的过程能保证学生学习的信心，收获成功的喜悦，使学生的数学素养进一步提升。在教学过程中，学生会习惯从自己的生活常识思考，此时教师要尊重学生思维的多样性，可以用数学知识去说明、解释生活中的一些现象。

例如，在教学中，屋顶人字架做成三角形是因为其有稳定性的特征，车轮做成圆形是其旋转不变性减少了阻力，等等。

又如，在"面积单位的认识"教学中，学生由于生活经验有限，在生活中对面积的用法理解不够，很难建立起"1平方厘米""1平方分米"等面积单位的具体而清晰的概念。教师就让学生用尺子在白纸上画出"1平方厘米"面积的方格，剪下来认真观察，理解它的大小。启发学生：生活中有哪些物体的表面面积大约是1平方厘米？学生通过对1平方厘米面积的理解，很快就找到了答案。我们大拇指指甲表面的面积大约是1平方厘米，习字本上每个方格的面积大

科技城外国语学校

约是1平方厘米……学生通过自身操作、体验，很轻松地从操作实践中获得了"1平方厘米"的表象。

二、利用启发式教学

启发式教学是指在学生的能力承受范围之内，以启发的方式来提升学生的积极性，以达到学生的最近发展区的充分利用和全面提高。它是课堂教学的中心环节，优化授新，调动学生的积极思维是构建小学数学高效课堂的关键。教师要考虑数学课程自身的特点，遵循学生学习数学的心理规律，不断拓展学生的思维空间，使学生在愉悦、轻松的课堂环境中快乐学习数学。

例如，在教学"能化成有限小数的分数特征"时，通过师生打擂台，激发学生的参与兴趣后，师问："有的分数能化成有限小数，有的分数不能化成有限小数，这里面蕴含着一个规律，这个规律是在分子中呢，还是在分母中？"学生一致认为规律在分母中。师又问"能化成小数的分数的分母有什么特征呢？"组织学生讨论。当学生屡屡碰壁，思维出现"中断"或"偏离"时，教师不再让学生漫无目的地争论，而是适时地点拨指导，启发学生："你们试着把分数的分母分数就能化成有限小数。"正当学生心满意足之际，教师又提出问题，先让学生判断，再激起矛盾：为什么分母含有其他质因数，它还能化成有限小数吗？通过观察分析，最后让学生自己认识到发现规律的前面，还需补充一个前提"最简分数"。可见，课堂上教师巧妙灵活地启发，不但能使学生更好地理解数学知识，而且能使学生积极思考，提高学生思维的灵活性、深刻性和创造性。

三、运用信息技术，点燃课堂趣味

信息技术形声结合，声画并茂，能营造出良好的学习氛围，使学生的思维活跃起来。在课堂上，教师要尽可能在较短的时间内向学生提供丰富、直观的材料，从而增强教学的趣味性，较好地调动学生学习的积极性。

例如，在教学"轴对称"一课时，教师利用手机录制微课，展示学生动手剪纸的视频，呈现展开图，再引入问题思考。又如，在教学"角的度量"一课时，播放一段视频《工厂制作工件过程》。动画课件演绎引领做角、玩角、变角，既开阔了学生的思路，又激发了学生的兴趣。

四、完善评价，培养学生的自我反思能力

教学评价是整个课堂教学过程的有机组成部分，对发展学生兴趣、巩固知识、强化目标具有重要的现实意义。小学数学课堂评价要遵循激励为主的原则，在归纳总结中使知识系统化、条理化、网络化的同时，根据学生的兴趣及自身条件，设计出符合学生实际、体现学生个性的评价语言，要特别注重对学困生取得的点滴进步给予及时的肯定和表扬，让存在个性差异的学生都能在教师热情洋溢的评价中找到自我，体验成功的欢乐，使课堂教学的结束变成一个个知识点的延伸，而教师的评价则成为构建高效课堂的"催化剂"。

例如，之前我在教学中经常会对学生说："你说得真好！你真棒！"当学生回答错误后我会说："说得不对，请坐下。""错了，谁再来？"……

我们可以发现，只给予"你真棒！""你说得真好！"等简单赞扬的话语，当然能激发学生的学习兴趣，然而，"你真棒！"——棒在哪？"你真好！"——好在何处？简单的赞扬，评价不明确，导致学生求知不深入，浅尝辄止。要么，给予"说得不对，坐下"等简单定论，打击了学生的积极性，课上到最后就没人想举手了。

我在听某位教师的课时，教师提问："4+5=？"一个学生高举小手，大声地说："4加5等于8。"这位教师用了三句话这样评价："很好！很接近！谁还有不同意见？"

我们可以发现，这位教师的三句话是多么巧妙。第一句"很好"，充分肯定了学生爱思考爱发言；第二句"很接近"，既给予了学生希望又婉转地说明了不正确；第三句"谁还有不同意见"，把思考留给大家，给学生更多的表现机会。课上到最后，学生纷纷高举小手，踊跃表达自己的想法。由此不难看出，作为教师的我们要在评价语上多练内功，使评价语发挥激励、指导作用。如果我们进行课堂评价时能做到准确得体、机智巧妙、独特创新，就一定能在课堂教学中挥洒自如，使学生以更强的自信心投入学习。

小学数学课堂教学高效性的实践

李明月

随着新课程改革的逐渐深入，建设高效课堂已成为改革中最重要的内容。高效率的课堂是提高教学质量和教学效果的主要根据。无论是小学数学还是中学数学都是如此。高效数学课堂是教育改革的重点目标，因此，我们一定要对此进行仔细的研究和分析，以实现高效课堂的目标。

小学数学课堂教学效率的高低直接影响小学生学业的提升和成长，为了构造高效的数学课堂，作为教师要学会创造融洽、民主的课堂，发掘学生的积极性和自主性。此外，高效课堂能提升学生的逻辑思维，使学生养成热爱思考和敢于探究的好习惯。下文将对小学数学教学高效性的分析和实践研究进行总结。

一、 正确理解教材，把握教学目标

正确理解教材，把握教学目标是影响高效课堂构建的重要因素。教师应对教材中各个部分的内容进行编排，注意教材的细节，善于将某一个知识点进行创新和研究，从学生的实际情况出发，从整个小学阶段的知识体系出发进行知识点的重新审视，把学生放在教学主体的位置上，为学生提供丰富的教学活动，以提升学生的数学学习兴趣。教师在制定教学目标时要尽可能细化教学目标，建立学生可以完全掌握的知识目标，进而增强教学目标的实践性。同时，这也为教师的备课提供了明确的思路。在教学中，教师应紧紧围绕教学目标为学生创设情境，预留充分的思考时间，并对学生的答案做进一步的分析，以便利用情境引导学生进行学习。

例如，在教学估算时，设计数学活动——出了8道加减法的题目（小纸片），即59+11，48+22，17+29，82-61，96-11，78-33，23+12+56，100-10-51，发给每个小组，要求小组合作把得数大于60的找出来，看谁的方法最快最准确。一声令下，有的学生笔算，有的学生估算，结果用估算的学生最快，我就让他们说说估算的方法——怎么想到这种方法的，最后得出：在计算不要求那么准确的时候，我们可以用估算，这样比较方便。然后让学生在解决实际问题中理解估算的方法及用途（解决例题中的实际问题）。学生是第一次接触估算，让学生学就得先让学生明白为什么要学，学了有什么用，这样学生才会有目的、有兴趣、有动力地学好它。

二、以学生为主体适时导入，激发学生兴趣

"兴趣是最好的老师。"学生对数学产生了兴趣后，会主动参与数学学习，并能主动解决数学学习上的一些难题。教师首先要通过设计导入，促使学生对学习内容产生兴趣，使学生充满学习热情，积极主动地学习。高效课堂在"要我学"到"我要学"的转化中自然生成。导入时的情境创设要巧妙适当，贴近实际生活，能够触及学生内心深处，启发他们的情绪、想象。

例如，在教学"秒的认识"一课的导入环节：

师："同学们，喜欢过节吗？有一个咱们中国最传统、最重要的节日，你们都会得到压岁钱，这是什么节日？"（春节）

师：（放映春节联欢晚会倒计时课件）"新年的钟声马上就要敲响，开始倒计时了，一起来。"（师生一起倒计时）

师："过年真好！我们又一次听到了新年的钟声。谁知道，刚才咱们倒数的5、4、3、2、1用的是什么时间单位？"（秒）

师："我们以前学过的时间单位是时、分。要计量很短的时间，就要用比分更小的单位（秒），今天我们就一起来认识秒。"（揭示课题：秒的认识）

激发学生学习兴趣的情境导入让学生"未入其文，先动其情"，进而产生师生之间、生生之间强烈的情感共鸣和一定的理性思考。学生在导入教学环节中积蓄的情感也会转化为他们探究知识的强大动力。

三、精巧设计练习

练习是学生学习数学、发展思维必需的实践活动。教学实践表明：练习不在多而在精，精巧的构思和布置练习不仅能够确保学生巩固所学知识、培养数学运用能力，还能够避免单一、机械性的重复学习，摆脱过多的课业负担，更好地体现练习的效度，突出重点、突破难点。教师要关注学生的个体差异，使练习（包括变式性练习、提高练习、拓展练习、创新性练习）的设计有一定的层次和梯度；让学优生能拓展探究，学困生能感受成功，使不同学习能力的学生的智力和非智力因素都得到充分的发展。

教师可以根据小学生的年龄和心理特点，设计具有一定娱乐性的练习。例如，将练习题设计成"夺冠123""欢乐大比拼""勇攀高峰"等竞赛性活动，把每一道练习题都变成充满乐趣的游戏，学生每做对一道题都能够体会到成功的快乐，这样就充分调动了学生学习的积极性，学生解题的注意力集中，解题速度快，巩固性也强。

教师可以从培养学生优良的思维品质出发，设计具有一定开放性的练习，使学生的思路更开阔、更灵活。例如，学习了"元、角、分"后，给学生展示商场的场景，让学生分组扮演顾客和售货员，完成对于不同面额钱币和不同价格货物的钱物交换。这样就提高了学生分析问题、解决问题的能力，使学生的创造潜能得到有效的开发。

新课程背景下的小学数学高效课堂构建是每个小学数学教师必须面对的课题。我们应该以新课程理念为指导，以深化课程改革、推进素质教育为宗旨，充分体现以学生为主体、以教师为主导、以训练为主线的课堂教学原则，努力实现小学数学课堂上教师高效的"教"与学生高效的"学"的完美统一。

可园学校

留给学生的记忆

胡丽颖

"铁打的营盘流水的兵。"一届届学生小学毕业升入初中。作为一名小学教师，我们经常会谈论自己的学生长大后还会不会记得我们这些小学老师，我们在学生心里留下的又是怎样的回忆。

前些天，我在QQ上收到一个刚高考完学生的留言，说想在第二天到母校找我，并祝我生日快乐。看到信息的我心生感动之余，又下意识地问自己：学生为什么记住了我？询问之后得知：当年在教他们的同时，我也在很努力地看书学习，拼搏的形象给他留下了深刻的印象。走上工作岗位多年，面对有个性、有思想的新一代学生，我不想仅给学生留下"老师很拼"的回忆，更希望多一些正面、积极的推动和影响，让我的学生也爱上数学，智慧地学习数学。

一、 激发兴趣

进入四年级下学期后，有位叫小卓的学生很难适应和接受小数的学习，因为他对整数的学习已占了三年半的时间，如何让小卓和其他像他一样的学生快速地接受小数，并且理解和运用小数成了我开学后的当务之急。经过思索，我让全班学生试着去写数学日记，让他们带着会观察的眼睛去发现数学与生活的密切联系，引导学生每天用简短的文字去记录平日里发生的与数学有关的事情，这让学生学习数学的自信心也增强了不少。刚开始几天学生写数学日记的热情很高，但一星期后，学生写的反复就是超市里买东西的内容。于是，我又与学生商量，写的内容可否与每天学习的知识联系上，如学习了小数点，就写在生活中小数点有何作用；在学习了小数简便运算后，可以写生活中如何简便计算价钱；等等。

当学生不再觉得小数陌生时，接着我将学生的数学日记进行展示，这对学生来说是一种极大的鼓励。展示后进行整理和保存，再将这些日记送给他们的家长，让家长也看到自己孩子的成长。随着我不断地鼓励、展示，大部分学生能找到更多的素材，这对于课堂上的数学教学也起到了很好的作用，学生学习数学的积极性更高了，也更爱学习数学了。

二、找准方法

数学学习不仅需要积极性，更需要正确的学习方法，对于一些易混淆的知识仅靠重复练习是无效的。有位叫小清的学生对于单位换算一直存在困惑。

其困惑一是进率记不住，我教学生用五指记忆法先记住长度单位的进率，在长度单位的基础上，再利用正方形面积的计算得出面积单位的进率。

其困惑二是对于单位换算有困难的学生来说，他的生活经验没能给他提供这方面的数学概念，所以当遇到这种困难的时候，如果能把运算的方法变得有趣，学生接受起来才会比较容易。如何才能让枯燥的换算变得有趣呢？经过思索，我故作神秘地说："今天我要给你们变个魔术！"学生一听顿时就来劲了。我出示2平方分米＝（　　　）平方厘米，平方米是大单位，在平方米的下方写一个"大"字，我说"变"，用彩笔在"大"字上比画出了一个"×"，说："同学们，你们看大单位转化为小单位就用乘法，2平方米就等于2乘以进率。那么，小单位转化为大单位，怎么变魔法呢？"接着我出示450平方分米＝（　　　）平方米这一题，我在平方分米的下方写了一个"小"字，将小字旋转后就变成了一个除号，除法进率（见图1）。学生大呼办法太好了。就是这样一个小办法让学生牢牢地记住了学数学时可以用我们的智慧寻求有趣的方法，让数学变得更灵动。

图1　计算方法

学生有兴趣了，懂方法、会用方法后，数学问题便迎刃而解了。"授之以鱼，不如授之以渔。"我们只有不断地从学生的角度去思考问题、琢磨方法，才能真正培养出爱思考、会思考、勤思考的学生。

三、发展思维

作为一名小学数学教师，我深深地知道学生每过一个学年，知识点的难度就在增加、理性思维就在加强。在平日的教学中，除兴趣的培养、学习方法的引导外，我们还需要培养学生的数学思维。

例如，六年级毕业试题之一，按现在的学业水平要求，学生要学好数学不仅要记牢公式，还要有一定的理解力和较强的阅读分析能力，能较快地厘清思路，发展数学思维。

42.某地下排水管道的横截面是正方形，边长为1.2米，暴雨时经常排水不畅，导致地面积水。现在改为内直径为2米的圆形管道，如图2所示。假设暴雨时，管道中水流的速度为2米/秒。改造后，1秒钟可以多排水多少立方米？（圆周率π值取3.14）

培养学生数学思维可以从以下几个方面入手。

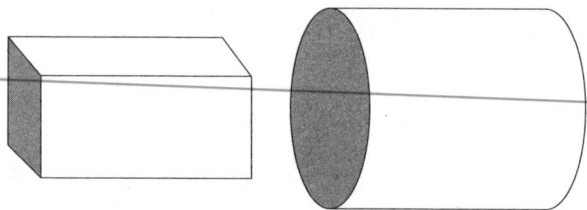

图2　地下排水管道截面

1. 小老师讲堂

做出来不如讲出来，听得懂不如说得通。课间三分钟教师可设置小老师讲堂，让学生上台讲解某一题的思路和解法，并且鼓励学生一题多解，优化解答。例如，三年级学生学习了"年、月、日"，教师出示2011年元旦是星期六，2011年1月30日是星期几？学生上台采用了两种方法来解决：一种是利用画图的方法解决，另一种是找规律后利用有余数除法计算解决。

2. 举一反三

孔子在《论语·述而》中记载的"举一隅，不以三隅反，则不复也"其实就是今日所说的举一反三。在数学中，学习一道题的解法，可以灵活运用到同一类题中。一定要有变式练习，培养学生的发散思维。

3. 思维导图

在学习一类或一单元知识后，教师应引导学生课前进行思维导图整理，课前三分钟时在班级讲解自己的思考过程：如何将知识进行串联。这种做法不仅可以提升学生的表达能力，还可以促进其他学生开阔思维。

总之，我们每一个小学数学教师都要时时刻刻记住，知识不变，但我们面对的学生个体是鲜活的。我们只有不断地激发他们学习数学的兴趣、正确地使用方法、学会用数学思维去思考问题，他们将来才会感谢那个给予他们数学灵魂的我们。若干年后，我的这些学生在回忆现在的我时，会不会像我希望的那样说"老师是位有方法的老师，让我爱上了数学"，这将是对我最大的嘉奖，也是我现在前进的动力。

可园学校

数学复习课中的串纲结网

胡丽颖

　　复习课是课堂教学的重要课型之一，在小学数学教学中占有重要的地位。复习课是让学生经历知识回顾，对知识点、线、面的整理、巩固与运用，培养学生的发散思维。复习课的重要教学任务就是理，将每个章节的知识点从某个角度，结合生活实际进行梳理，最后归纳、总结，在温故的过程中，发展学生的数学思维，让学生掌握数学思维方法，提升学生的数学素养。

　　如何上好复习课呢？复习课不同于练习课，也不是新授课的重复。练习课是运用某个或某些知识点来解决数学问题，训练学生的解题能力和技能；新授课是让学生在原有基础上学习新的数学知识或技能。复习课既不是重复新授课，也不是知识的机械重复运用，而是把相对独立又有联系的知识点，通过归纲整理等方法进行串联结网，使知识点、方法的运用既简单又明了。

　　"圆"这一单元知识点较多，复习课如果仍然以教师讲学生听的方式来复习，基础好的学生会觉得太简单，浪费时间；基础稍差的学生会觉得弄不明白的地方还是不明白。所以我运用思维导图的方式进行串纲结网，实现解题策略的提升。我让学生四人小组合作，先对这一单元的知识进行回忆，再从这一单元最基础的知识进行发散整理，从而形成整个单元的思维导图。刚开始布置任务后，学生动手整理比较茫然，以为就是把这个单元的知识点默写下来，只停留在简单的记忆中，并不能对知识点深入理解。有些小组思考后把这个单元分面积、周长、环形等几条线索来写，这就是一个好的开始。

　　通过这种模式的复习，学生将知识系统化，在脑海中竖成串，横成链，结成网，形成了一个完整的知识网络，不仅能加深学生对知识的记忆，还能帮助学生理解和运用。

有了这样的整理后，接下来就是培养学生解决问题的策略和方法，实现知识的迁移和提升。我让学生找出圆的知识在生活中运用的问题。每个小组积极地写出各自的问题。

问题1：圆的周长是6.28分米，那么半圆的周长是（　　　）分米。

问题2：有一时钟，分针长6厘米，时针长4厘米，6时至6时半，分针扫过的面积是（　　　）。

问题3：大圆的直径是小圆的2倍，大圆的面积是小圆面积的（　　　）倍。

问题4：在周长为37.68米的圆形水池周围铺一条2米宽的小路，小路的面积是多少平方米？

……

面对学生提出的问题，我不急于让学生回答，而是引导各小组在整理的思维导图中找出问题问得是哪方面的知识点，再找到解决问题的关键所在，"你有什么样的解决策略，就把草图画出来"。各个小组在解决问题时都有了明确的思路，并且找到了每个问题的易错点在哪里。

问题1的易错点在于半圆周长不等于一个圆周长除以2，而是一个圆周长除以2加上一条直径的长。

问题2易错点在于求以分针为半径的二分之一圈的面积。

问题3可以用假设法，或者用公式推导的方法。

问题4的关键在于求出内圆的半径。

在整节课中，学生们积极地整理所学知识，厘清知识间的联系，做到"竖成线、横成片"串纲结网；再结合综合运用的练习，讨论解决问题的策略和方法，和方法真正达到在复习课中帮助学生更加全面、更加系统地整体理解和掌握相关知识的目标。

当然，这只是复习课中的一种上课模式，我将继续探究其他知识类别的复习方法。

他的故事，我的成长

胡丽颖

清晨，我踏着雨露走在校园的青青小道上，一路的绿意尽收眼底，勒杜鹃、喇叭花向我展开笑颜，这是美好一天的开始。可园，已是我生命中最重要的词语，因为我在这最美、最好的学校当教师。

记忆的闸门一扇一扇地拉开……2008年9月，我认识了他。那是一节数学课，我正在二（1）班的教室上课，那天我让学生学习100以内的加法。正当大家整齐地读一道题目时，一个虎头虎脑的男孩忽然摇晃着他那可爱的大脑袋，大声喊道："我知道！"他迫不及待地举起手来。学生争着告诉我他叫小杰。我微微一笑，被他的热情感染，不忍拒绝，便说："我们请小杰同学上台来讲一讲他的想法。"小杰站了起来，他尽自己最大的努力，迈着大步走上讲台，笑嘻嘻地说："同学们请看——我是这样想的……"他时不时地拖音，声调忽大忽小，眼睛望了望大家，又望了望我，终于讲完了，他憨厚地笑了笑。但下讲台前又大声地补了一句："我是不是很帅？"全班顿时笑声一片，我及时鼓励他："是挺帅的，现在快速坐到自己的位置上就更帅了。"他今天的举动在我内心荡起阵阵涟漪，我想更多地了解他、走近他、爱护他。于是，我与他、他的家长的一串串故事就拉开了序幕。

他是这样一个小男孩——左右肩有些不对称，做操时动作不够协调，跳跃运动时一条腿总会慢一拍，眼睛还有些斜视。小杰妈妈告诉我，小杰一岁多时被医生要求做核磁共振，诊断结果为左脑受损、右耳听力几乎丧失，长大后可能无法自理，并劝小杰妈妈再生一个。可小杰父母不放弃孩子，小杰妈妈辞去工作，全心照顾孩子，陪孩子度过每个关键期。这位母亲很让我敬重，从此，我们也成了无话不谈的朋友，经常讨论孩子的教育问题，并及时肯定小杰的点滴进步。

小杰数学成绩一般，做题粗心，我会严肃地批评他，告诉他，"多读题、多思考，你一定行！"并指导他一些数学解题技巧，慢慢地他学数学越来越有方法，做题也谨慎了。每天放学回家，他第一个要完成的作业就是数学作业。有时遇到难题，会思考半小时，妈妈让他不要做了，他却执着地坚持到底，就是这份执着在多年后让小杰发生了巨大的改变。现在高二的他，竟然在好几次的数学考试中考了班级第一。我庆幸自己当年没有选择放弃这个孩子，原来野百合也有春天！小学时代播种的良好行为习惯和思考习惯，为他日后的持续发展提供了强大的助力。

小杰在学习上的坚持努力也不知不觉迁移到了他喜欢的小提琴上。他从小学到高中一直坚持不懈地练习小提琴，每次文艺会演，我们都会刻意把演出的机会给他，一次次的历练使他收获了更多坚持的勇气和动力。有时，小杰因练琴会受很多委屈，妈妈劝他放弃，而小杰却说："开弓没有回头箭，我不放弃。"听了儿子的话，妈妈的泪水在眼眶里打转，她深深感受到儿子长大了、懂事了。每当小杰在外表演时，小杰妈妈都会发视频，与我分享他的进步和她的幸福。她说很庆幸，小杰在可园学校完成中小学的学习，能遇到包容他、鼓励他的启蒙教师，可园学校是最棒的学校。面对感谢，我切身体会到了什么是教育的幸福。

看着小杰快乐自信地成长，我的心就如在春天般的繁花似锦里融化，幸福满溢。可园，就是我最亲密、最幸福的家园，在这里无论是谁，我们都是和美的一家人。我们在"和美教育"的氛围中点燃希望，让梦想的种子生根发芽。

如今，我的孩子也成了可园学校的一名小学生，沐浴着金色的阳光，她快乐地成长着，每天我见到的都是她笑盈盈的脸，听到的都是她唱出的充满童真的美妙小曲，感受到的是她自信的绽放。真的，感谢可园，感谢有你，让我在这里收获了幸福和爱。

汪国真说：你不是神话里缥缈的梦幻/你是现实中一团燃烧的火焰/当你在茫茫夜海里闪现/便是对我的无声召唤。诚然，可园已经是我心中一团燃烧的火焰。我和可园的十年，是不平凡的十年，有不一样的风采，未来我仍与可园同在！

课堂调控的重要性

王愉谕

本篇随笔我想说说课堂调控方面的问题，因为好的课堂纪律是一节好课的基础。一节好课必须有良好的秩序、恰当的节奏，作为新教师的第一个三年，我理解了一个教师必备的能力——课堂调控能力。

组织好课堂教学是上好一堂课的重要保证，课堂教学组织的成功直接影响着教学目标的完成和良好教学效果的取得。小学生的年龄决定了他们在注意力方面的集中力和稳定性差，无意注意占主导地位。他们的思维具有形象性，多以机械识记为主。其情感表现显得天真且明显，自尊心强，喜欢受到教师的表扬，等等。在低年级学生中，教师怎样抓住学生的这些特点认真组织教学，以达到预期的教学效果呢？以下谈谈我对低年级组织教学的粗浅看法。

一、尊重学生、表扬为主

小组积分竞赛是学生很在乎也很喜欢的一种形式，当然要有相应的加减分机制，要有课后的评价反馈，能够给予学生足够的奖励和评价，让学生有充足的动力和兴趣在数学课堂上表现。评价机制越细致且执行越严格，对课堂越有利。学生知道课堂奖罚分明，努力就会有回报，自然，他们上数学课也会更认真。

每个学生都希望自己在教师眼中是最好的，在教学中，教师应充分尊重学生的自尊心。在学生注意力不集中时，教师用激励性的语言："老师喜欢专心听讲的同学，我相信每个同学都是老师喜欢的好孩子，现在我来看一看谁最专心听讲。"或者树立榜样："××同学坐得最端正。"其他学生自然就端正坐好了。根据情况教师可运用善意的批评矫正学生的行为，如有的孩子很顽皮，一直就没坐好，这时教师说："同学们看一看，××同学今天坐得多端正呀！"这时，该学生一定会意识到自己的行为，及时调整。

二、吸引学生注意力

讲课时使用儿童化的语言，通俗、形象、活泼，才能更好地吸引学生的注意力。

在开讲时，教师要根据教材尽量使用儿童喜闻乐见、富有情趣的语言进入新课，设计一些儿歌、故事、谜语以及能引起学生争议和思考的问题等，使学生自然进入教学状态，或者用一些学生比较熟悉的生活情境引入课题，或者结合时代潮流的新闻、时事设计例题练习。

三、调动学生积极性

教师要用饱满的热情感染学生的情绪，利用体态语言和表情变化，运用多种形式调动学生的学习积极性。

在进行新课教学时，多种形式的课堂活动（如举手答、抢答、上黑板写题、小老师讲题、小组讨论汇报等）能充分调动学生的积极性，使其保持注意力集中。在教学中，教师注意不遵守纪律的学生或者对松弛的课堂纪律做短暂的沉默，都可以达到及时调整学生注意力的效果；指名让低着头的学生回答问题或者多点几个眼神没有看老师的学生来回答，也可起到调控课堂的作用。

可园学校

四、适时调节学生的精神

当发现全班学生精神不振作，学习疲劳时，教师可暂停讲课，引导学生表演一段诗歌朗诵或者做一些律动："拍拍你的手，摇摇你的头，大家伸伸手，注意听讲精神好。"对于一些儿歌教学还可及时调整教学方法，让学生拍着手，和着节奏来朗诵或者配上自己喜欢的动作来朗诵，这些方法都可以起到振作学生精神的作用。

五、教师要养成良好的课堂常规

教师要认真备课，备好课堂教学的各个环节，养成良好的课堂常规。

教学的过程应组织得严密、紧凑，在知识学习上要满足学生的要求，一环紧扣一环，使学生注意力集中，思维始终处于积极的状态。反之，一堂准备不充分，教学环节不清楚，松弛零乱的课堂教学，常使学生在课堂上无所适从或无所事事，将严重影响教学效果。提问时要留意全体学生的反应，及时调整问题设计和让学生回答的方式。教会学生倾听他人的发言，养成良好的听课习惯。

六、教师要具备教育机智，随机应变

教师在课堂上要不断调整自己的教学，提高学生的注意力。在学生回答问题有偏颇、引起骚动时，教师应及时引导学生，安定课堂纪律。对于上课时的突发事件，教师要随机应变，做适当的处理。例如，上课中，突然从窗外飞进来一只小蜜蜂，学生顿时秩序大乱，眼睛都盯着这只蜜蜂。这时教师要注意安定学生情绪，可以说："你们看，这只小蜜蜂来看我们大家上课了，它想看看谁是上课最专心听讲的好孩子。"这样富于情趣的语言使学生易于接受，及时地调整了学生的听课情绪，较之强行制止——"请认真听讲"的效果好得多。

七、爱学生与严要求结合，树立教师威信

教师的威信是指教师的人格得到了学生的承认，受到了学生的尊重，教师的所作所为得到了学生的信任，学生愿意听取教师的教诲，愿意服从教师的要求，并自愿按教师的要求来确定自己的行动。实践证明，一名威信高的教师上课时学生能认真听课，对教师所讲坚信不疑，并能按教师的要求去完成各项学习任务。反之，学生会持相反的态度。不同年龄的学生对教师的威信有不同的体验，低年级的学生更多地偏重于兴趣和情感方面。因此，教师活泼爽朗的性格，关心爱护、严格要求学生就容易与其产生情感上的共鸣，易于建立教师的威信。

总之，组织教学是上好一堂课的先决条件，教师只有在教学中不断提高自己的教育教学素养，不断总结实践，才能更好地驾驭课堂，取得好的教学效果。

一名新手教师的成长反思

王愉谕

回想从教以来的三年，经历了许多磨炼与挫折，伴随着自己的成长。人们总说成长是在经历某些事之后发生的，不得不承认，当人被逼到绝处时，会逼着自己成长。这三年里我曾遇到过很棘手的"问题学生"，也曾因为所带班级的成绩问题受到过许多质疑与否定，所有这些都让我重新审视自己的职业，对自己的教学有了许多反思，虽然第一个三年的结果并不尽如人意，但我依然会不断地积极进取，努力完善自己的工作。同时，对于小学数学教学我也有了自己的认知，形成了自己的教学风格和课堂模式。今年是我从教的第四年，反思前些年自己做得不够好的方面，我想在这篇文章中做个小结。

一、备课方面

第一年时我对备课真的毫无头绪，对于一节课应该怎么备并没有真正在行动上的意识或认知，只知道跟着教参光盘的课件走，没有太多自己的想法。不知怎样的课才是一节好课，就更谈不上在课上培养学生的好习惯了。可想而知，对于当时带一年级的我来说无疑是致命的，更何况我还关系着3个班学生的未来。懵懵懂懂地过了一个学期后，通过各种培训听课、公开课，我开始知道怎样的课才算一节好课。原来备好一节课需要花很大的工夫，备课标、备教材、备学生。数学知识大多源于生活，教师可以结合实际，创设与生活实际相关的情境，激发学生学习数学的兴趣，让学生明白数学源于生活，运用于生活。

二、学生作业方面

学生的作业总有让教师头疼的类型，如字写得不工整、错得很多却不订正、直接不写、不交作业。这些学生往往是班级成绩的"后腿"。在第三年时，对于这些非常熟悉又了解的学生，我开始慢慢感受到对于他们的无力。但事实是这些在班级里成绩靠后的学生更需要教师和同学的帮助与指导。有经验的教师知道要抓好每一次作业的订正，将没订正好的作业打回重新订正。做好登记，及时和家长反馈孩子的情况。

同时对于这些学生，家长也是教师应该沟通的对象，如果只有教师在学校绞尽脑汁地教，家长没有应有的监督辅导，那么学生的提高还是非常困难的。

以上两方面是我想和大家分享的我经历的感受及心得，我还需要向很多优秀的教师学习好的管理经验和方法，优秀的班级背后总有有智慧的教师。有一句话说，会教的教师总会想着如何才能更加"偷懒"，让自己少做事，让学生多行动起来，减轻自己的负担。所以我们不妨试一试让学生进行师徒结对，优生帮扶学困生，让小组长检查订正情况等，这些都是非常好的方法。我始终相信当遇到困难的时候，办法总比困难多。

爱与花期

刘锦雪

师爱是教育力量的源泉，是教育成功的基础，你爱教育事业，教育事业也会爱你；同样地，你爱学生，学生也会爱你。2008年，我带着这样一种信念走进了可园。

第一年，我担任四年级两个班的数学科任教师，其中有一个班的学生比较调皮，班主任都很头痛，但我坚信，只要我用爱心去温暖他们，像对待自己的孩子一样去对待他们、信任他们，一定可以和他们一起进步。功夫不负有心人，一年过去了，学生的精神面貌、学风学纪都有了明显的改善。第二年我不再担任他们的数学教师，但是很多学生都对我依依不舍，我知道，那是因为我和他们已经建立了深厚的感情，我的付出是值得的。

第二年，根据学校的安排，我担任一年级两个班和二年级一个班的数学教师。一年级的学生，从幼儿园来到小学，对任何事情都感到新奇，其中有一个学生引起了我的注意，他就是那个叫想的小男孩。

对于刚上一年级的小学生，尤其是男孩子，上课好动是很正常的，但是他却不像其他学生一样坐在自己的位子上动一动，他在上课的过程中会时不时地在教室里走动，于是，他走动一次我就批评一次，可好几次下来一点效果都没有。有一次，我正上着课，刚好在写板书，写完后我转过身准备继续讲课的时候却发现想不见了，我还以为他钻到桌子底下去捡东西了，我就叫了他一声。居然没反应，难道还没找到掉的东西？我就走到他的位子边，不看不知道，一看吓一跳。他根本就不在自己的位子上，我一下子慌了，赶紧问其他学生，有学生回答说他出去了。我想他大概是去上厕所了，连忙去找他，果然，他正在厕所里玩水呢。我当时一下子就火了，加上之前的担心，我真的很想大骂他一顿，但是看着眼前这个小人儿，看着他那双无知的眼睛，我强把怒火压下来，牵着他的手，回到教室，继续上课。课后，我找到他，问他怎么可以上课跑出去？没有得到回答，他还是那种满不在乎的神情，这下我感觉到问题的严重了。我和他的沟通出了问题，我课后找到了班主任，向她反映了情况。班主任也正在为他的事挠头，我们决定找他的父母沟通一下，希望帮他把不好的习惯改掉。

第二天，想的爸爸带着他来上学，我们向他反映了想在学校的情况后，他的反应却让我们始料不及，"我儿子是天才，天才的行为当然和别人有所不同"。一句话使我们寄托在家长身上的希望都破灭了，家长不配合，怎么办？看来只能靠自己了，这时我想起了苏霍姆林斯基的那句话："教育技巧的全部奥秘就在于如何爱护儿童。"我要用爱去感化他，每天上完课后我都会找到想，和他聊聊天，说说话，虽然他不怎么理我，也不回答我的问题，但是我要坚持，我要感化他。时间一天天过去，慢慢地我发现想有时会和我说上两句话了，前提是我不提他的缺点，就找他表现得好的地方找话题，我心里在暗暗高兴，看来我找到突破口了。

这样，一个学期很快过去了。第二个学期开学，想来上学，居然主动和我打了声招呼，我高兴得不行，看来方法还是有效的。但我高兴得还是太早了，新的问题来了，想现在还是不听课，在教室里乱走，干扰其他同学上课，更有甚者，他还打其他同学，甚至用铅笔去刺他们。这可不得了，这可是个安全隐患啊！我急忙和班主任、家长联系，班主任也紧张，但是家长没什么反应，打电话不接，发信息不回，我们找到家长和他们反映情况，家长都是哈哈大笑，觉得问题不严重，没什么大不了的，这种态度让我和班主任非常生气。这时，我想我把我坚信的信念给忘了。我们没有去想更多的方法，只是忙于扑火，学生一犯错，就马上制止他，并在送学生出去时和家长反映学生的糗事，耐心在一天天地被磨灭，态度也变得越来越不好。直到有一天，值日主任在学校门口看到了我向家长反映情况，不顾其他家长的目光，当着这么多人的面说学生所犯的错。事后，主任找到我指出了我的错误。是啊，我到底在干什么呢？我所坚信的那个信念，我所追求的那份"爱"在哪里？

接下来的几天，我都是在自责和思考中度过的。"谁爱学生，学生就会爱谁，只有用爱才能教育学生"这句话一直在我脑海中反复出现，当早上的第一缕阳光洒在我们生机勃勃的校园时，我们知道新的一天开始了，我们的爱又该播撒了，让我们用爱去化解孩子成长过程中养成的恶习，就让我们像慈母那样学会宽容、理解，与学生对换角色，以心换心，站在学生的角度去分析出现的问题，让他们给校园再添一抹绿，给学校带来勃勃的生机。"爱"在继续，我和想的故事还在继续。

可园学校

利用数学午读有效教学

刘锦雪

《义务教育数学课程标准（2011年版）》指出："数学课程能使学生掌握必备的基础知识和基本技能，培养学生的抽象思维和推理能力，培养学生的创新意识和实践能力，促进学生在情感、态度与价值观等方面的发展。"午读课是小学数学课堂教学的必要补充和延伸，教师可利用午读课、课前三分钟等环节，组织形式多样、内容丰富的数学活动，服务于课堂，进行有效教学。

一、数学午读课的意义

培养习惯：午读这个时间利用好，可以培养学生良好的习惯。午读这个时间一般是学生回家吃饭休息或者在校午餐后要进入学习状态的一个过程，我们在平时可能会经常遇到这样的情况：学生午读迟到或者来了却没什么精神，懒懒散散的。所以把午读这个时间利用好、规划好，对培养学生的习惯有很大的作用。

1. 展示交流

我们平时一节数学课40分钟，既要授课，又要为学生提供展示交流的机会，时间是很紧的，很难顾及全面，所以午读课的15分钟，是一个很好的补强。我们利用好了，对我们高效、有效教学意义重大。

2. 训练思维

午读课可以开展形式多样的活动，不用拘泥于课本教材规定的内容，为学生提供更多动口、动手、动脑以及团队合作的机会，甚至可以有一些个性化的展示，训练学生的多向思维、发散思维，等等。

3. 增强自信

学生在活动、展示、团队合作中体验成功的喜悦，增强了他们的自信，有利于个体的发展。从整体的习惯到个体的发展，再回到形成学生整体的学习自主意识和学习氛围，这是一个双赢甚至多赢的局面，把午读课利用好，何乐而不为？

二、数学午读课的形式和内容

数学午读课是形式大于内容还是内容大于形式？或者是形式和内容一样重要？有的教师可能认为形式大于内容，毕竟要有趣味性。也有的教师认为内容大于形式，因为它是为教学服务的，我们是要利用它进行有效教学的。也有的教师认为形式和内容一样重要，我们既要有趣味性地引起学生的兴趣，又要有实效性，所以一样重要。如果既要顾及学生的兴趣又要顾及实效，我们要怎样设计，怎样操作才能做到？此外，还要有可持续性发展，让我们的午读课长期有效地开展。那么，我们就要遵循以下原则：

形式上我们要遵循的原则一：动态与静态结合，个体与整体结合。那么，什么是动，什么是静呢？举个例子，如我组织全班学生阅读数学绘本，是静态的，而学生自己安静阅读、安静理解，那么，它是个体还是整体呢？答案是个体，学生没有交流与合作，是个体行为。如果我把这个数学绘本的形式改为演数学绘本，则是动态和整体的结合。再举个例子：魔方六面还原。我们在教学生的时候，学生独立学习，是静态的个体行为，学完了组织比赛，有一面还原的，有两层的，有六面都能还原的，每个阶段都组织比赛，有团体赛、个人赛，因为是在整体里比较的，所以是整体的。对于上述这两个例子，有的教师可能会认为静态的只能和个体结合，动态的只能和整体结合。不是的，还有这样的设计形式，如纸笔形式的计算竞赛是静态的考试，但是要和整体做比较，要评出等级，制作立体图形，动手操作，为学习新知识或巩固新知服务，它是动态和个体的结合。

形式上我们要遵循的原则二：趣味性和知识性结合。我们设计的形式要有趣，能够引起学生的兴趣，我们最终的目的是服务于我们的教学，所以更要有知识性。

形式上我们要遵循的原则三：实践性和创造性结合。数学活动与生活密切相关，我们要有实践性，更要具有创造性，挖掘学生的潜能，让学生有机会展示个性。

形式上我们要遵循的原则四：可持续性，每个学段可以循序渐进地进行。

根据以上原则，内容选择起来就容易多了，我把它大概分为了三类：知识竞赛类、动手操作类和数学小讲堂。

1. 知识竞赛类

例如，计算竞赛，分年级统一时间进行一个15钟的计算竞赛，可以是纸笔式的，也可以是口答式的，组织的形式不拘一格；对于每一阶段的达标检测，如我们这个阶段学习的平移、旋转，那么我们可以利用午读时间对平移、旋转进行专项的达标测试，同样可以设计为纸笔式的，也可以是实际操作的。

2. 动手操作类

例如，魔方还原不仅可以在学校学，还可以在家里学，低年级的学生可以只教三阶魔方的一面还原，高年级的学生可以是六面还原，甚至有的学生还可以学四阶魔方、异形魔方等，既培养了学生的动手操作能力，发展了学生的空间想象，又挖掘了学生的潜能，提供了发挥学生创造力的机会。

3. 数学小讲堂

例如，小老师，顾名思义，就是让学生扮演教师的角色，让他们解题、讲题，并把自己的分析分享给大家。学生在这种角色扮演中在提高自我价值感的同时，还能帮助一些不善言辞或学习上有困难的同学，进而促进教学质量的提升。教师可以根据作业的批改情况，把错误率高的问题指出来，让这些小老师去解决，再利用午读课组织全班学生进行交流，达到培优补差的目的，人人都有所提高。

三、呈现的技巧

为了不让学生审美疲劳，我们的午读课可以不限于时间、空间，不一定要在午读的15分钟内完成，也不一定要在教室内完成，如走廊、操场、家里等都可以。

四、有效的评价机制

学生自评：有利于调动学生的主观能动性，帮助学生了解自己。

家长评：能够让家长了解学生的情况，支持学校的工作。

教师评：学生之间、师生之间的互评能够相互督促，相互学习，共同发展。

教师要成为一名"设计师"，有效地利用数学午读时间，进行多空间、多维度的设计，长久、持续、有效地激发学生的学习热情，提高学生的数学能力，使学生对数学产生长久的兴趣和学习动力。

南湾实验小学

老师，你讲错题了

周 富

我的这个教学故事起于一次评讲练习课。

受定式思维影响，我讲错了一道题。

题目是这样的：（记为题一）8名乒乓球运动员两两配对进行单打淘汰赛，最后决出冠军，一共要打多少场比赛？我备课时一马虎就以为与上一题是一样的，所以我和学生也是这样说的。上一道题是：（记为题二）一次体育比赛，共有8名运动员。如果每两人握手一次，一共握手多少次？

下课后，一个学生马上跑过来说："老师，你的'题一'讲错了！它这里是进行淘汰赛，与'题二'不一样。"一语惊醒梦中人。我说："老师知道了，谢谢你！"

对于这种情况，我读书的时候也偶尔指出老师的错误，老师也说知道了。然后我就怀着激动的心情等着下节课老师来向全班同学纠正……

然而，我总是带着失望的情绪开始下一节课。

现在，作为教师的我，决定改变这一"局面"。

改变需要智慧。

可以预想，在教室里也有一个心情激动的学生等待着我。相同的是，他也带着失望的表情开始了那一节课。不同的是，快要下课的时候，我让那个学生的心再一次剧烈地跳动。我说："上节课老师讲错了一道题……"话音未落，下面有学生情不自禁地大声问："老师，哪一题？"我说："你们课后先找找看，也可以讨论讨论。下一节课再揭晓答案。"当下课铃声响起时，学生都意犹未尽。机灵的学生说："老师其实没有讲错，是在骗我们。"有的学生不同意："这难说，人总有犯错的时候。""是老师在哄人，都已讲评完了，到底是哪一题呢？""老师就是让你猜嘛！""老师真狡猾！"看着学生个个精力充沛，神情迫切，我语重心长地说："其实，老师错在哪一题并不重要，重要的是你是否发现了错误的原因及是否掌握了解题的方法。只要我们善于去探讨，去研究，相信你们一定会取得更大的进步！"从学生沉思的神情中我能读出，他们懂得我的意图！

为了让学生充分讨论，我上一节课故意保守了"秘密"，并且私底下和那个学生说不要告诉其他同学。到下一节课揭晓答案的时候，我才表扬了那个善于发现、敢于质疑的学生。至此，学生终于知道老师真的讲错了。

我踩了一块西瓜皮，差点跌倒的时候，一个学生给了我机会，使我练起了"轻功"，衷心感谢这位学生。这件事对我之后的教学启示相当大。

其实一直以来，很多教师对讲评课一直存在"畏惧感"，不知该如何进行有效的教学。通过这次"错题"，我似乎找到了一些答案，心中充满了成功的快感。同时，我认真审视这堂课，又进行了深思。

第一，新课程改革的重要一环就是"以学生为主体"，如何在教学中让学生更多地参与到课堂学习中来呢？我想应坚决摒弃过去"满堂灌""填鸭式"的教学方式，那样教师教得累，学生学得也累。教师要更新教学观念，摆正教师在课堂中的位置，确立为学而教的指导思想，变口若悬河的讲授者为教学活动的组织者、指导者、参与者和研究者。教师应舍得打破事先策划的教学预设，随机应变地根据具体情况做出富有吸引力的教学调控，更加活跃学生的思维，最大限度地为学生提供自主探索的机会，从而真正提高教学的效率。

第二，通过这次教学，我认为教学中需要"润滑剂"，要有新意，不经意间的一些出乎意料的"小花招"，能为教学带来精彩的花絮，如幽默的言语。在教学中，教师富有哲理和情趣的幽默能深深地感染和吸引学生，使自己教得轻松，学生学得愉快。苏联教育家斯维特洛夫说："教育家最主要的，也是第一位的助手，就是幽默。"中国贺岁电影大导演也说过："幽默是一种态度。"教师要营造一种轻松愉快的课堂氛围，使学生在轻松、活泼、自然的情境中愉快地学习，从而收到良好的教学效果。

这个故事的启示（在电影电视剧里面叫续集）大约有如下这些：我在后来的课堂中，有时候我说老师又讲错了其实真的没讲错，有时候我说讲错了确实

南湾实验小学

是真的讲错了，大部分是"剧情需要"故意讲错。目的很明确——每个人都需要认真参与到课堂学习中才知道真相，有时候还要动动脑筋。除了课堂上认真参与学习外，课后还要仔细复习一遍以上，效果不言而明。对此，还有一个附加效应，学生敢于质疑了——真真切切地质疑。所以不要总是埋怨学生不敢质疑，这个也需要教师营造氛围。

我的心声——

愿我们每一位教师都能用自己的智慧创造出灵活多样、富有情趣的教学方法和策略，让学生在课堂中展现其鲜活、灵动的生命活力和个性魅力；愿我们的教学能营造一片清新的天地，让学生在其中尽情舞蹈，舞出灿烂的明天！

沙塘布学校

大问题教学的"想明白"与"做明白"

——以《数图形的学问》为例

唐登超

生命化教育——大问题教学是张文质先生与黄爱华老师共同提出的课堂教学模式，它关注学生在课堂上作为生命个体的独特体验，关注学生对学科核心问题的理解。笔者听过许多大问题教学的课例，有人模仿黄老师的语言，有人模仿黄老师的板书，有人模仿黄老师的设计。然而，"形"似容易"神"似难，因为生命化教育不是一种固定的教学模式，它是一种理念，也是我们一线教师研究文本、研究学生和研究自己的一种修行。笔者试图以《数图形的学问》为例，讲述这个痛苦而又甜蜜的从"想明白"到"做明白"的过程。

一、研读文本，想明白

"书读百遍，其义自见。"这里的书指的是关于《数图形的学问》这一课的所有文本，包括教材、教师用书、教学设计、教学反思、教学论文等。将这些素材尽可能收集起来，反复阅读、反复比较。每一次重复阅读，都不是简单地重复，既有思考角度的变化，也有关注侧重点的迁移。大量的阅读后，文本会自动聚焦到课题——《数图形的学问》，即怎么数图形，学问是什么。这也是本节课的大问题。

怎么数图形指向的是数图形的方法；学问是什么，意思是当图形变得复杂起来时，如何数得更有学问，指向的是规律的发现。有了这些思考，就会越看越有味道；有了这些感觉，就会对教师用书的每一个文字如饥似渴，赞叹不已。

1. 关键字研读

如下文所示，教师用书明确指出，在数学核心问题的理解上，本节课要做三件事：第一件事是将现实问题抽象成数学问题，发展学生的抽象思维和建模能力；第二件事是在数简单图形的过程中，梳理出体现有序思考的具体方法；第三件事是从数简单图形过渡到数复杂图形的，发现数图形的规律。而学生作为独特的生命个体，本节课的体验也要分成三个层次：第一层次是努力做到有条理地表达；第二层次是获得自信心；第三层次是提高对问题探索的兴趣。

对于《数图形的学问》，其学习目标如下：

（1）结合问题情境，让学生经历把生活中的现实问题抽象成数图形的数学问题，并利用多样化的画图策略解决问题的过程，发展学生的几何直观。

（2）在数图形的过程中，逐步形成有序思考的良好习惯，发展推理能力。

（3）在发现规律的过程中，学生能够独立思考和自主探究，有条理地表达解决问题的过程和结果，增强学习的自信心，提高对数学问题的探索兴趣。

2. 板块研读

有时候，对教师用书的编写说明部分进行分版块阅读，会有意想不到的收获。

编写说明（1）：

"数图形的学问"是简单的排列组合问题，它不仅是学习统计概率的基础，在生活中也有着广泛的应用。教科书创设了"鼹鼠钻洞"和"菜地旅行"两个有趣的问题情境，由简单到复杂地引导学生经历不重复、不遗漏地数图形的过程，这不仅有利于发展学生有序思考的习惯，让学生感受问题中隐含的数学规律，还利于学生利用图形描述和分析问题，体会几何图形可以把数学问题变得简明与形象，发展初步的几何直观能力。

编写说明（2）：

数线段（路线）方法的关键是有序思考，只有有序思考，才能保证不重复、不遗漏地数线段（路线）的条数。淘气的方法是把线段以长短为标准进行分类，按照从短到长的顺序数。

编写说明（3）：

笑笑的方法是把"点（洞口）"的位置进行分类，从左往右按照点的排列顺序数。两种方法都根据问题提供的信息，按一定的标准，把稍复杂的问题分成简单的几类，把每类中可能出现的情况——列举，不重复、不遗漏地数出线段（路线）的数量，这样的数学活动有利于培养学生有序思考的良好思维品质。画图的方法也有利于发展学生解决问题的策略和几何直观能力。

编写说明（4）：

这个问题以6个车站为例，引导学生探索解决问题的思路，为发现规律做铺垫。教科书呈现了两个学生可能的解决问题的思路：淘气的思路仍然运用上面学到的方法，在一个含有6个点（车站）的图中，有顺序地数；笑笑的思路则是把含有6个点（车站）的问题和含有5个点（车站）的问题建立联系，推理结果。

编写说明（5）：

如果有7个汽车站，单程需要准备多少种不同的车票呢？8个呢？你发现了什么？

教科书从计算的角度引导学生发现规律，提高解决问题的能力。教科书呈现了一组算式，目的是启发学生在观察算式的基础上，发现准备车票的规律。

在分版块阅读的过程中，教师可以对自己进行迂回式追问，对教材核心内容的理解会更加深刻。

怎么数图形？

数简单的图形，可以分类数：一类是以线的长短为序，另一类是以点的左右为序。数复杂的图形，可以按照数简单图形的方法，画图、连线、记录或直接数出来，也可以在原来数简单图形的结果上推理，增加一个点，增加了多少条线段，总共有多少条线段。

学问是什么？

有了数简单图形与数复杂图形的铺垫，教师便可以引导学生结合不同的图形与算式进行对比，发现规律，发展初步几何直观。真正的学问是发展学生的几何直观，解决现实问题。

二、打磨课堂，做明白

对文本做了大量细致的解读后我们发现，这节课的容量比一般的新授课要大。学生本节课将无法避免地遇到三个困难：第一，将具体情境抽象成数学

王文娜 名师工作室教育随笔合集

符号带来的困难；第二，利用线段图数路线的过程中因无序造成的遗漏或者重复；第三，学生的归纳能力处于发展过程中。教师在磨课的过程中发现，面对不同班级、不同学生，学生遇到的困难在课堂上随时还会有新的生成。要在一节课的时间内解决三个困难，对于课堂调控能力并不成熟，语言表达不精准的笔者来说，几乎不可能。于是笔者有了以下调整。

1. 问题前置，课前延伸

为了让学生的预习更加有效，也为了在课前便于笔者了解学情，笔者调整了课堂教学节奏。笔者设计了学生个人学习任务单，将本节课的抽象部分以及有序数线段部分放在课前让学生独立完成。

笔者在课前把学生的学习任务单全部收上来。在52种不同的抽象中，笔者挑选了3种比较有代表性的学生作品，在课件中依次呈现，组织学生展开交流，发展几何直观；而有序数线段图的方法和规律则在课堂上现场讨论，现场板书。

2. 聚焦问题，关注生成

学生顺利地把生活问题抽象成数线段图的数学问题后，笔者随即提出本节课的第一个大问题："你们会数线段图吗？"为关注学生活动过程，师生共同明确了以下几点：①充分交流自己的数法；②边说边记录；③小组内分工，全组上台展示，有人主持、有人主讲、有人演示、有人提问，特别是负责演示的学生要根据主讲学生的表达现场在黑板上画图、标记等，力求做到人人有事做，事事有人做。笔者在巡视的过程中发现，有的学生在专注地倾听，有的学生在兴奋地讲解、提问，甚至辩论。笔者庆幸课堂上一些小天才进行"生灌"的情形减少了，学习共同体正在养成！

一个小组的内部讨论吸引了笔者："我先是数这个大大的线段，然后数小一点的线段，最后数最小的线段。"笔者不禁窃喜，加以引导："你的意思是先数大线段，再数中线段，然后再数小线段吗？"学生连连点头，眼神都特别坚定。笔者决定请这个小组上台分享，于是出现了第一种有序地数线段的方法——以线的长短为序，课堂上生成的资源远比书本上约定俗成的结论更具生命力，于是我鼓励学生自行板书："线——从小到大"。

在呈现以线的长短为序的方法后，笔者顺势提出："还有不一样的方法吗？"于是，另一个小组演示了以点的位置为序的方法。这一次，学生在黑板上只演示数的过程，笔者并不着急，而是耐心地等待台上的小组自行组织台下小组的交流，同时慢慢地退到下面的座位上，模拟学生的口吻："老师，我也提一个问题，刚才那个小组，他们在黑板的左上角写了从小到大几个字，你们小组没有。"一石激起千层浪，笔者一番调侃，台上的学生急了，台下的学生更急了，七嘴八舌。台上的学生说："我们也是从小到大。"台下的学生不买账："不行，没创意！"台上的学生说："那你们说写什么？"台下沉默了一会儿，突然，一个细微的声音冒出来："从左到右！"学生越来越坚定，纷纷表示赞同："对，就是从左到右！"笔者顺势跟进："是线的从左到右，还是点的从左到右？"又一会儿沉默后，学生的声音越来越大："点的从左到右！"笔者回应道："是的，他们小组先数了从A出发的所有线段，再数从B出发的所有线段，最后数了从C出发的所有线段，D是终点就不用数了。你们真厉害，快把你们的想法记录下来吧！"于是，他们也得意地在黑板的右上角写下来："点——从左到右"。

3. 耐心启发，精心介入

如果说有序思考是本节课的重点，那么归纳推理就是本节课的难点。在学生解决了四个洞口有多少条路线后，笔者提出本节课的第二个大问题："如果洞口数变多了，路线的数量有规律吗？"

学生信心满满地回答："有！"笔者给出了两种路径，学生汇聚小组的力量，任选其一来完成。第一种路径是在四个洞口的结果上，依次增加一个洞口，看看增加了几条路线，从而找到规律；第二种路径是直接从头开始数五个洞口有几条线路、六个洞口有几条线路、七个洞口有几条线路，根据不同洞口数对应的算式，发现规律。

大部分学生喜欢从头开始数，依次数出五个洞口、六个洞口、七个洞口的路线数量，笔者判断，可能是书本上主要呈现了这种方法，也可能是算式的对比比较直观易懂。笔者先让这部分小组代表上台演示。当汇报演示的学生小心翼翼地画出所有路线，写好几个算式后，笔者顺势介入："刚才我们有个同学提出，如果洞口变得很多，那么这些路线看起来就很复杂，怎么办？还能够写出算式吗？"这个问题跨度较大，全班学生陷入思考，笔者细细观察，也有可能是学生不清楚到底问的是什么。于是笔者再次介入："如果像这样只画出从A点出发的所有线段，可以直接写出算式吗？"这时候，学生的思路一下子打开了："可以……"

于是，学生先是将四个洞口全部画出来，再写算式；慢慢过渡到五个洞口画一部分线路，然后写出算式；到六个、七个……十个洞口不用画线路，就可以把算式写出来。笔者知道，规律，已经不用刻意地用具体的语言来表达了！

在学生讨论得比较少的在四个洞口的结果上，依次增加一个洞口，笔者采用的是现场讲授的方式进行，这里不再细述。

4. 回归生活，体会符号之美

课堂教学的最后，笔者引导学生对本节课进行梳理，特别提出："生活中的一些数学问题有像今天这样可以用数图形的方法来解决的吗？"一个学生说："有。坐车的时候，从哪里上车，到哪里下车，有多少种上车下车的方式？"另一个学生说："还有，旅游的时候，不同的景点有多少不同的旅游方式？"笔者回应："有时候一些看似复杂的生活中的数学问题，如果我们能够用图形来表示大概的意思，从简单的情况开始研究，那么这些数学问题可能都会得到解决！"

笔者认为，大问题教学也许并不存在真正意义上的"想明白"与"做明白"。在研读文本与打磨课堂的过程中，笔者越来越发现，教科书不仅是教材，也是学材，更是脉络清晰、引人入胜的"剧本"。精彩的电影，假的剧情像真的一样。精彩的课堂，真的剧情像假的一样。"想"与"做"可以相互促进，螺旋上升，由此带来的课堂教学的变化也是极其明显的。它看似复杂，实则深刻；它看似凌乱，实则灵动；它看似迂回，实则智慧。

沙塘布学校

有多少课，可以重来

——"确定位置（一）"中"大问题"教学实录与思考

唐登超

"确定位置（一）"是北师大第四版教材五年级下册第六单元"确定位置"中的内容。看似寻常的一节课，却因为2015年初整个小学阶段统一使用新教材这个大背景而显得非常特殊。

对学生来讲，这是一节重来的课，因为这节课的大部分内容学生已经在四年级的时候学过了。对教师来讲，重来，不是简单的重复。它既不是新授课，也不是复习课，更不是练习课，我把它定义成"生长课"。对比新旧版本教材的区别，结合对学生的调研及自身对"大问题"教学模式的思考，我确立了巩固确定位置的三要素（观测点、方向、距离）；强化了两个观测点相对位置的描述；拓展了两个观测点以上的路线描述的基本思路。老课新上，焕发了新的生命力。以下是本节课的教学实录与思考。

一、课前谈话，建立关系

师：同学们，我们昨天见过了面，布置了学习任务，这节课我们曾在四年级学习过，那么今天这节课"确定位置（一）"，你已经了解了什么？还想了解什么？

生1：我记得有上北下南、左西右东，还有什么东南方向、西北方向。

生2：我记得学过东偏南、西偏北之类的方位词。

师：这两位同学都不约而同地提到了"方向、方位"，看来这些知识与我们确定位置有很大的关系。

师：大家可能还有别的想法，因为时间有限，就不说了。学会的同学，这节课想办法教会你身边不会的同学。不太会的同学，我们今天一起来学习，好吗？

思考：

知识与技能的传授起步于学生对教师在情感上的认可与接受。我了解到学生对确定位置三要素有遗忘，也知道照本宣科会让学生对本节课的内容有抗拒，于是我鼓励学优生想办法教会学困生，激励后进生与我一同学习。

二、变式感悟，重温基础

（一）想一想：园长要聘请一位导游，导游在哪里服务比较好

1. 出示动物园情境图

师：老师了解到咱们学校的小朋友去了玫瑰海岸和大鹏所城这两个地方进行社会实践活动。笑笑他们学校也不例外，他们去了动物园。动物园园长了解到来了这么多小游客，要安排一位导游，那么，这位导游在哪儿服务比较好呢？

生1：在喷泉广场，因为喷泉广场在中间位置。

生2：在中间的话，要介绍每个场馆都很方便。

师追问：怎么个方便法呢？

生2（补充）：在中间的话就知道方向，上北下南、左西右东，其他场馆都很容易说清楚。

2. 跟进学生思维，出示以喷泉广场为中心的坐标图

师：你说的是这个意思吧？

师：同学们说说中间这个点重要吗？

生齐答：重要！

师追问：哪里重要？

生1：有了这个点，我们就可以根据它得到上北下南、左西右东，才能讲清楚位置。

师：也就是说，要确定位置，我们首先要确立观测点。（板书：观测点）

（二）猜一猜：体会角度与方向对确定位置的意义

1.男女比赛，谁是好导游

师：我们都知道导游要很有方向感，有没有同学有这个潜质呢？我们来进行男女比赛吧，看谁猜得准，谁先来？（一位学生碎碎念："女士优先。"于是我先提问女生）

提问女生：这个地方在喷泉广场的西偏南一些。

女生马上回应：斑马场。（给予肯定，接着我提问男生）

提问男生：这个地方在喷泉广场的西偏南一些。

男生1：熊猫馆。

男生2：狮虎山（争执不下）。

师：男同学争执不下的原因是什么？

（停顿，全场安静，陷入思考。等待三秒，我发现学生并无灵感，可能是对这个问题本身到底问什么不太理解，于是，我选择启发、干预。）

2.意见不统一，主要问题在哪儿

师：怎么解决这个争执呢？要是有……

学生豁然开朗：角度！

师：说明确定位置，除了要确定观测点，还需要了解所在地相对观测点的……

生齐答：角度！

师调整：这里的角度，也就是方向。（板书：方向）

（三）练一练：在量角确定方向的过程中体会距离的必要性

（1）在量角的过程中怎么偏才是对的？

师：既然说到方向，我们来看看，熊猫馆到底在喷泉广场的什么方向？（课件呈现问题，学生回归课本讨论）

生1：南偏北70°。

生2：北偏东20°。（再一次出现不同答案，我不急于揭示，循循善诱）

师：大家也不确定，我们来看笑笑是怎么说的。课本第65页，她说，她量了量，发现是在北过去20°左右。（停顿）那么，熊猫馆到底在喷泉广场的北偏东20°还是东偏北20°，一样吗？怎么量的？

学生分工：两人小组完成学习纸上第1个问题，动手量角度。

在巡视的过程中，教师发现部分学生只写了角度，如只在角那里写了20°，从哪里偏向没有写完整。有一部分学生知道量角器怎么摆，但是怎么量角，表述不规范。部分学生已经全部掌握。于是我决定让知道怎么摆量角器，但表述不太系统的学生充当小老师上台分享，组织其他学生补充，进行深度对话。

小老师1：我将量角器下面这条线对齐这里，数过去，就是20°。（学生用量角器零刻度线与纵轴对齐，但不太规范）

生1质疑：量角器两边都有零刻度线，再说了，对齐后，既可以往左边摆，又可以往右边摆，你怎么知道是往左边数还是往右边数呢？

小老师1（迅速反应）：我这里是从北边往东边量（边说边指方向），所以只能摆在右边。

师：你们觉得呢？

生1：无语了。（全班爆笑，实际上表示这个对话是有效的，学生的质疑得到了小老师的解决。）

师：其实刚才这位小老师是先将量角器的中心点与观测点对齐，然后将零刻度线与哪里对齐？

生齐答：从北往东量！

师：这就叫北偏东20°，我们四年级量角时，就要求我们先对齐点，然后从起始边量到终边，说明量角也是有方向的！

（2）在练习如何量角，确定方向的过程中发现在观测点不变的情况下，哪怕两个景点的方向与角度一致，也确定不了位置。

师：同学们可以用这个办法来量其他的角，小组分工，每人量1～2个。

生1（反馈）：狮虎山在喷泉广场的北偏东50°方向。

生2（补充）：也可以说是东偏北40°，因为它们加起来就是90°。（窃喜，我顺势肯定，并且举例操练）

师：如果量出来是北偏东65°，那么用东偏北应该怎么说？（多举几个例子）

生齐答：东偏北35°。

生3：猴山在喷泉广场的……

生4：斑马场在……（两位学生都正确）

生5：长颈鹿在……，大象馆在……。我发现它们角度是一样的，但是距离不一样。

师顺势启发学生：也就是说，仅靠角度……

生5（补充）：也就是说，仅靠角度，不能确定位置，还需要距离。（师板书：距离）

思考：

确定位置的三要素是本节课的重点。这部分知识对于学优生来讲，比较简单，需要唤醒。对于学困生来讲，不好理解，需要活动与情境去感受。所以，我利用选导游的生活情境，让学生在地图上找一个合适的地方去介绍动物园的其他景点。学生自然而然地想到位置居中的喷泉广场，建立了观测点的模糊印象。接着，我引入竞猜游戏，学生在紧张有趣的气氛中思考。为什么男生答案不统一，在争辩中明确，需要关注方向。这个方向就决定了量角的时候，从哪里开始量，从哪里开始摆。当学生在操练量角的过程中误以为只要找到了观测点、会量角就能确定位置的时候，我设置了一道题目，使得两个景点的方向相同，却不能区分位置，从而得到，还缺少景点到观测点的距离。

三、聚焦"大问题"，组织深度对话

（一）重要的事情说三遍，说说从观测点到景点的单一路线

师：听完导游的一番介绍，同学们很想去猴山，该怎么走呢？同桌之间互相说一说。

（巡视，发现学生说得不完整，语言不规范，但是有一桌学生积极与我交流。）

生1：北偏南30°，再走800米就到……

师：还差一个要素。

生2：从喷泉广场出发。

师：你们两句话加起来，就是最好的答案，这叫合作才能共赢。

课堂既需要快节奏，也需要"慢镜头"，更需要"特写镜头"。我觉得刚才与两位学生的对话很有价值，遂决定将我们三个的对话过程搬上讲台，再演绎一次，在欢快的对话中学生关注描述路线的三要素：从哪里出发？向哪个方

向走？走多少米？

（师生演绎完成后，为训练描述路线的语言的规范性，我觉得需要强化，于是请几个学生再说一说。）

生3重复，生4重复。

生5（补充）：我发现直接说斑马场就在喷泉广场的西偏南30°方向，距离为800米，也能讲清楚。

（我马上意识到学生已经开始领悟描述路线与确定位置的关系，遂决定展开以下师生对话。）

师：这位同学这样说，你们知道怎么走了吗？

生齐答：知道！

师：也就是说，确定位置与描述路线之间的关系非常密切。（边说边上讲台，最后指着确定位置的三要素讲解。）

师：这里的观测点，在描述路线时就是指从哪里出发。（板书）

师：这里的方向，在描述路线时就是指目的地的方向。（板书）

师：这里的距离，在描述路线时就是指走的距离。（板书）

（二）聚焦"大问题"：从斑马场，想去猴山，该怎么走

参观斑马场后，同学们想去猴山，说一说他们的行走路线。

（学生完成学习纸上的问题2，在巡视的过程中我发现有的学生说得清楚，但不知道如何下笔；有的学生下笔了，但结论错误；有的学生知道从斑马场画方向标，能完整表述；还有的学生想到抄近道，我鼓励他画出路线，再量角度、距离，为后面的精彩补充埋下种子。最后我决定让没画方向标、方向错的学生先上台。）

小老师2：我从斑马场出发，往西偏南30°的方向……

（小老师隐约听到下面有人质疑，他若有所思，愣了一下，我知道他发现自己的错误了，于是决定放大他的认知过程。）

师：你在纠结，你在哪个地方觉得纠结呢？

小老师2指着课件中那个30°的角：好像这个角度错了。

（我猜中了他的心思，没有重新定观测点。他无法描述新的目的地的方向，于是我决定让其他学生来点拨。）

生2补充：我们现在在斑马场，就不可以再用喷泉广场的那个方向标了，既然我在斑马场，就应该在斑马场重新建立方向标，量出方向是东偏北30°，距离为800米，到喷泉广场，然后再以喷泉广场为观测点，往东偏南45°走150米。

（生2的方案里除了沿原路返回，还有惊人的抄近道的路线。）

生2再补充：我还想到从斑马场直接画一条路，连接猴山，那么我们只需量出这里的角度为75°，就是南偏东75°，但这个距离就不知道怎么说了。

（我决定启发他继续完成路线，让精彩更精彩。）

师：你可以估算。

生2恍然大悟，迅速补充：应该是比1500米要长一些，大约1600米，不到2000米。

（学生的思维达到新的高度，我决定收住，考虑到不少中下层次水平的生可能不是很懂，我让巡视中提出抄近道的学生再补充。）

生3补充：我的想法跟刚才他的一样，我先在斑马场画出方向标，然后直接画一条虚线，连接猴山。这时候只用考虑斑马场到猴山的角度和距离就可以了。

师：刚才这几位同学，有的路线是沿原路返回，有的路线是从斑马场直接到猴山，但不管怎么样走，我们都要……

生：先确立观测点，再确定方向、角度，最后量出距离。

虽然学生已经有体会了，但我认为还不够，要采用迂回的方式，再一次强化。

师：我们现在回过头看看，为什么觉得这道题比刚才从喷泉广场到斑马场那道题难？

（学生对比两道题目，陷入了思考。不久，有一些学生发现了两道题目的区别，恍然大悟。）

生1：观测点不同了。

生2：观测点不同了，需要重新建立方向标，才能描述方向和距离。

师：也就是说，在描述路线的过程中，观测点在变化，那么……

生3：那么方向和距离也会发生变化。

生4：我们做题的时候，经常会遇到那种长方形的图，两个人分别站在斜对角上，因为观测点不同，所以描述出来的路线就不同，一不小心我们还可能会上当。

（三）动态生成，学生提到相对位置，我决定顺水推舟，直接过渡到教材第66页第4题

师：看来你还是位学霸，了不起！你说的题目刚好我也有准备，你说得那么好，就请你当评委，看看其他同学的表现，好不好？（避免极聪明学生超前发言代替其他学生的思考。）

> 练一练：
> 4.奇思看妙想在北偏东50°方向上，妙想看奇思在什么方向上？和同伴试着表演一下，再进行交流。

学生回归课本，独立完成。我发现部分学生在观测点的位置上画方向标的意愿不强，觉得有必要通过学困生画与不画方向标在描述方向的优劣性方面进行比较。

小老师3：奇思在北偏东50°方向，妙想看奇思在南偏，南偏西……

（在指着图形用语言直接描述方向时，学生自己都表达不清，我决定让他画上方向标，再试一试。）

（果然，小老师3调整后讲得比较顺了，我开始采访他。）

师：画方向标好不好？

小老师3：好！

师：好在哪里？

小老师3：画了之后，更容易看出妙想看奇思的角度是在西偏南40°方向。

（小老师经历了现场纠正自己错误的过程，我示意全班学生给予他掌声鼓励。）

思考：

只有观察学生怎么做，倾听学生怎么讲，才能知道学生怎么想。但仅仅这样还是不够的，还应该要有老师对数学知识本质的理解。这样，我就可以听出孩子的思考与我的思考之间的差距，并迅速做出反馈。该展开的就展开，该淡化的就淡化。

在练习从观测点到单一景点的表述时，我连续听了三个小组的学生私下的汇报，效果一般，学生的回答是片面的、不完整的。其中有一个小组的学生恰

沙塘布学校

好每人讲对了一个方面，于是我引导这个小组将他们的语言整合起来。为了让汇报呈现得具有趣味性，我决定以电影画面回放的方式，将我与这个小组组员之间的对话在全班学生面前演绎一次。这样学生接受起来比较轻松，我还有意识地让巡视中表达比较弱的几个学生再重复表述几次。

当教学内容拓展到描述含有两个以上观测点的路线时，我敏锐地看出不少学生说得出却写不出，写得出却写不全。原因是对观测点的作用体会不够深刻，没有想到可以自行以观测点建立方向标。于是我决定让中等层次的学生上讲台分享，学优生可以补充，学困生也能发现共同的问题，边听边解决。另外，我在小组间巡视的过程中发现学生有直接和间接观测点与目的地，以观测点建立方向标进行描述的方法，这很有创意，但不容易想到。我有意识地引导学生完善汇报的语言，鼓励他们伺机补充，为课堂的精彩生成埋下了伏笔。

四、拓展延伸，唤醒才有活力

1. 内容小结

师：我们今天是怎么学习"确定位置（一）"这节课的呢？

生1：先学观测点，再学方向，然后学距离。

生2：后来发现描述路线图其实也要用到这三个要素。

生3：我们尤其要注意，当观测点变化时，最好先画方向标，这样能帮助我们更清楚地回答问题。

2. 经验唤醒

师：老师今天就是用了百度地图导航来学校的。其实，除了百度地图，手机上如微信、坐公交的酷米客、高德地图等定位软件都是人们用这节课的知识发明的哦！你用过吗？强大吧！

学生在惊讶、震撼中结束了本节课的学习。

思考：

有多少课，可以重来？对于下一批系统学习北师大第四版新教材的学生来讲，他们学习的课程基本上不会重来了。对于老师来讲，在我们年复一年的劳动中，它们是可以重来的。但是这种重来，不是简单的重复。每一次重来，都是上一次的生长。这种生长源于对学生认知的研究，对教材文本的理解，对自身教学理念的新思考。

"什么是面积"教学设计及教学反思

黄晓君

【教学内容】

北师大版数学三年级下册第49～50页。

【教学目标】

（1）参与认知活动，认识图形面积的含义。

（2）经历比较两个图形面积大小的过程，体验比较策略的多样性。

（3）在活动中提高动手操作能力、分析综合能力和初步的空间观念，以及与人合作交流的能力。

【主要问题】

比一比，哪个图形的面积大？

【教学用具】

多媒体课件、1号地形图、剪拼法和摆方格法的板书。

【教学流程】

一、创设情境

师：（课前小游戏：教师出示图片，学生猜）这学期开学初有一部非常火的电影《流浪地球》，同学们想不想加入发现新大陆的队伍呢？那我们一起坐上飞船出发吧！瞧！我们来到了一个新的家园，这里有6块土地等着我们去开发，你们想开发吗？想开发哪一块？

生1：1号，因为1号图形比较大。

生2：2号，因为2号图形比较好看。

师：中国的人口那么多，你们觉得开发哪一块比较合适？

生（齐声）：1号。（板书：1号图形）

师：同学们，你们所说的1号比较大指的是什么比较大呢？

生3：面积。

师：那什么是面积呢？（贴标题：什么是面积）

点评：以故事情境导入，引出对面积的初步认识，激发学生的求知欲望，为探究新知做铺垫。

二、探索新知

1.初步感知面积的概念

（1）初步理解面积的含义。

师：现在老师想请一位同学上来指一指1号图形的面积在哪里？

生4：我觉得1号图形的面积是指它的全部。

师：全部指的是哪里呢？你能上来指一指吗？

生4：就是指它的中间部分。

师：还有补充吗？

生5：我觉得也是中间部分。

师：其实你们想表达的是1号图形的表面对吗？所以说1号图形表面的大小就是指它的——

生（齐声）：面积。（师贴板书）

点评：把学生的注意力引到"面"上来。

师：指完1号图形的面积之后，老师想请同学们再来摸摸我们身边的物体，来感受它们的面积，先摸一摸数学课本的封面，再摸摸数学练习本的封面，最后摸摸课桌的桌面（用PPT一一出示要摸的物体图片）。你们刚才摸的这三个面，哪个面大呢？

生6：桌面比较大。

师：你是怎么知道的？

生6：用它们三个面进行对比。

师：通过什么方式得出呢？是不是用眼睛看出来的？

生6：是的。

师：没错，就是通过观察比较出它们的大小的。

点评：让学生充分地摸物体的表面，比较物体表面的大小，渗透了面积大小相对性的数学思想，为学生学习"面积"建立了感性认识，同时体现了课堂教学中学生的主体地位。

师：刚才我们发现身边的一些东西有面积，那生活中的所有东西都有面积吗？

生（齐声）：不是。

师：请看这个三个图形，你想说什么？

生7：我觉得1号和2号图形有面积，第三个图形漏了一个角，所以没有面积。

师：谁还有补充？

生8：1号和2号图形有面积，第三个图形不完整，没有面积。

师：也就是说3号图形没有封闭对吗？

生：对！

师：那1号和2号图形是封闭图形，才有面积。（贴板书：封闭图形）

点评：帮助学生理解"封闭"一词。

师引导学生小结：所以，物体表面或封闭图形的大小就是它的面积。

（2）动手操作，比较大小。

师：既然3号图形不是封闭图形，那我们就先不研究它。那1号和2号图形哪个的面积大呢？

生9：正方形比较大。

生10：长方形比较大。

生11：都一样。

师：咦，出现了不同答案。想知道答案吗？这个问题你们是想老师直接告诉你还是你们自己研究？

生（齐声）：自己研究。

师：好！为了帮助同学们研究，老师为大家准备了以下这些工具，现在请前后4个人为一个小组，拿出课前发下去的信封，开始动起来吧！（贴板书：比一比，哪个图形的面积大？）

师：同学们真棒，能认真思考，小组合作来完成，现在有哪个小组愿意上来分享？

组1：剪拼法。

生12：长方形原来的图片是那样的，能重合到正方形的位置，长方形剩余部分和正方形的做比较，长方形剩余的部分剪成两个长方形，然后将正方形剩余的部分和剪好的两个长方形比较，可以得出长方形的面积要大于正方形的面积。

师：请问还有什么补充吗？

生13：先把长方形剪成3个小块，再把两个小长方形和正方形的剩余部分比较，得出长方形的面积比较大。

师：讲得真清晰，说明你有认真倾听。老师看到有一小部分同学的表情还是充满疑惑，所以现在想请你们小组再用老师的教具把你刚才的方法展示到黑板上，好吗？如果需要剪的时候老师愿意当你的小助手哦！

生12：长方形和正方形先重合，再把长方形多余的剪掉，正方形剩下的部分和长方形余下的部分做比较，再把长方形余下的正方形剪成两个长方形，剪下来的两个长方形和正方形剩余的部分做比较，就可以得出长方形的面积比正方形的面积大。

师：同学们，你们觉得他们讲得怎么样？（生掌声）

师：你们小组很了不起！要是表达得更流利一些就更棒了。除了这种方法，还有哪个小组有不同的方法吗？

组2：摆方格法。

师：你们小组是用什么方法来比较的？

生14：我们是用很多小正方形来比较的。

师：正好老师这里有扩大版的教具，你给大家在黑板上展示，好吗？

生14：我们先拿小正方形来一个一个摆满长方形的面，再用小正方形摆满正方形的面，都摆满之后，我们就可以数小正方形了。如果小正方形多说明这个图形的面积就大，如果摆的小正方形少，就说明这个图形的面积就小。这里的长方形摆了10个小正方形，正方形摆了9个小正方形，说明长方形

的面积比较大。（师帮助把10和9标在对应的图形上面）

师：请问还有补充吗？

生15：用小正方形摆满长方形和正方形的面，小正方形摆的数量多说明这个图形的面积就大，小正方形摆的数量比较少说明这个图形的面积就小。

师：你们觉得这两位同学表达得怎么样？掌声送给他们。

师：除了刚才两组同学分享的方法，老师这里还有一些方法，请看大屏幕，"摆圆片法"，仔细看！谁看懂了？

生16：正方形横着摆了3个，竖着摆了3个，三三得九，所以正方形的面积是9个小圆片，长方形摆了2列，5行，二五一十。所以长方形的面积比正方形的面积大。

师：听懂了吗？除了这种方法之外，还有"画格子法"。咦，注意！（生：方格大小要一样大）哪个图形画出的格子数多哪个图形的面积就——（生：大）

师：刚才老师出示的两种方法都有名称，那黑板上这两种方法我们也给它们取个名字好吗？（生：好！）

师：第一种又剪又拼，我们给它取什么名字呢？

生（齐声）：剪法。

师："剪拼法"可以吗？（生：可以）

师：第二种呢？

生（齐声）：摆方格法。

师：我们比较了这么多种方法，你最喜欢哪种方法？

生17：我觉得摆方格法比较好，因为可以很快比较出图形面积的大小。

生18：我觉得画方格法比较好，因为画出的方格不用怕一个大一个小。

师：如果我们刚好没有剪刀，而摆方格不用剪，可以直接摆，它们还可以铺满，减少了一些误差，所以摆方格法是不是比较好？

师：讲到方格，老师这里还有两个图形，请看大屏幕！（有两个正方形，1号正方形由4个小正方形填满，2号正方形由9个小正方形填满，请问1号正方形和2号正方形哪个大？）

生19：我觉得一样大，因为我觉得小正方形的大小有可能不同。

生20：我觉得2号正方形比较大，因为2号正方形是由9个小正方形填满的，1号正方形是由4个小正方形填满的，所以我觉得2号正方形比较大。

师：听起来也有道理！有同学说一样大，也有同学说2号大，那老师来揭晓答案！（PPT出示大小）（生齐：1号的面积大）为什么呢？

生21：因为1号正方形比2号正方形大。

生22：因为它们用的小正方形的大小不一样。

师：所以我们摆小正方形的时候要注意什么？

生23：用的小正方形的大小要一样。

师：也就是说，我们用的小正方形的标准要一样，才能通过数小方格的数量来判断图形的大小。

点评：通过亲自操作，学生获得了自己探索数学的体验，培养了探索意识。以小组为单位，教师利用多种比较的方法（"观察法""剪拼法""摆方格法""画方格法""摆圆片法"），让学生参与了合作交流活动。在交流中，学生认识到比较的方法是多种多样的，但要"统一标准"，从而顺利验证猜一猜的答案，体验了比较策略的多样性。学生上台交流展示自己的办法，不仅锻炼了口头表达能力，而且教师和同学的肯定，使学生自身获得了成功的体验，关注了学生的情感、态度、价值观。

三、实践应用：创意大比拼

师：我们要学以致用，所以接下来我们玩一个"创意大比拼"的小游戏，请看要求！要画出2个不同形状的图形，使它们的面积都等于7个小方格。明白要求了吗？现在拿出课前发下去的方格纸，用彩笔涂一涂、画一画。

师：好的，同学们先停下手中的笔，老师挑选了几个同学的作品给大家欣赏。我想请其中一位同学来给大家讲一讲他是怎么画的。

生24：我先用完整的正方形画了四个正方形，再用两个正方形的二分之一拼成一个正方形，再用同样的方法画出它的尾巴，所以这条鱼的面积是7个小方格。另外一个图形我画出了7个连在一起的小正方形。

师：同学们都画得非常棒！不过刚才这位同学的方法和其他同学的方法好像不太一样哦，不一样在哪里呢？

生25：不一样的地方在于他画的这条鱼是由两个三角形拼成一个正方形。

师：噢？原来还可以用两个小三角形拼成一个正方形。其实，除了刚才展示的方法，老师这里还收集了一些其他同学画的作品供同学们欣赏，请看大屏幕！同学们都想到这些方法了吗？

点评：让学生进一步巩固对面积的认识，让学生自由想象，画出各种图形，然后组织交流，并让学生直观感知面积相同的图形可以有不同的形状。

四、总结收获

师：这节课同学们学得开心吗？

生：开心！

师：有什么收获？

生26：我知道了什么是面积。

生27：我知道比较面积大小的方法有摆方格法、剪拼法、画方格法。

生28：我学到了封闭图形才有面积。

师：同学们真了不起，收获满满，掌声送给自己！

点评：让学生再次巩固所学知识，达到充分掌握的目的。

五、板书设计

什么是面积

比一比，图1哪个图形的面积大？

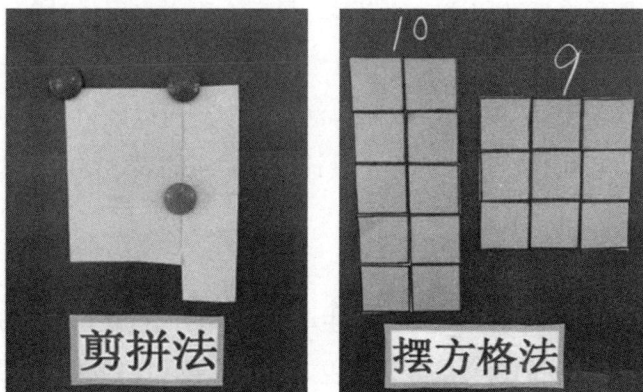

图1　两种方法比面积

【教学反思】

在"什么是面积"这一课的教学中，让学生理解面积的含义，是本节课的重难点，我从一部很火的电影《流浪地球》入手，开发新大陆，从而引出图形。首先通过摸一摸、比一比等活动，帮助学生认识生活中物体表面和封闭图形的面积大小，让学生获得初步的面积概念。然后让学生用不同方法比较一个正方形与一个长方形的面积，通过比较，既让学生进一步丰富对面积概念的理解，又使学生体会到计量面积最基本的方法，完成了本课的教学目标。回顾全课，这节课有以下几个特点。

1. 导入新颖

通过《流浪地球》这部电影开辟新家园导入，提高学生的兴趣和积极性，把学生的注意力都集中到本节课的学习上。

2. 肯定学生解决问题策略的多样化，培养学生的创新意识和创新能力

当学生认识了面积的含义之后，出示正方形、长方形并比较大小，当比较正方形和长方形不能直接观察时，启发学生思考比较的方法。为了让学生体验比较面积大小策略的多样性，课堂上我让学生以小组为单位，利用准备好的学具，在小组内沟通、交流。通过巡视，我发现学生创造性地想出了多种方法，有的学生用小圆片摆一摆、数一数，有的用剪拼法比较，有的用尺子直接在长方形和正方形上画格子，有的用透明的小方格子放在正方形和长方形上数格子数，还有的用小正方形来拼摆。我鼓励小组代表上台展示和讲解，这不仅解决了知识上的问题，更使学生在交流的过程中，感受到人与人之间合作的快乐，同时享受到积极思考后获得成功的喜悦。最后全班学生集体对以上方法进行优化，得出剪拼法和摆方格法比较实用。

此外，我还设置了"创意大比拼"活动，学生可以画自己喜欢的图形，发挥想象，大胆进行创作。这样的教学设计也让学生的表达能力、思考能力、合作能力、倾听能力得到了更好的发展。

3. 本课也存在一些不足的地方

（1）在学习面积的含义部分，学生动手感知时间过长，影响了教学进度。

（2）在学习面积的含义部分，学生上台动手展示比较图形面积大小的时候速度较慢，影响了教学进度。

（3）教学语言还不够精练，这也是我迫切需要提高的方面，我平时会在这方面下功夫。

总而言之，这节课，我还是花了很多心思去钻研，也融入了新课程标准的理念。不过，很多细节还可以处理得更好。上好数学课任重而道远，我会在以后的工作中继续完善我的教学风格，关注细节，用心钻研每一节课，让学生爱上数学。

石芽岭学校

数学有点苦，可以加点甜

林丽群

《数学有点苦，可以加点甜》这个课题是工作室石宝红老师提出来的，让苦于找课题的我突然间打开了一扇门，一扇过去我一直在思考、在寻找却从来没有打开过的门。

即使是选择数学专业的我，依然没办法告诉我的学生，学数学是快乐的。数学这门学科于我而言是相对枯燥的，而为什么自己一直坚持，也愿意去学，可能是因为三年级那次成为班上唯一的满分学生，也可能是因为钻研一道数学难题在某一刻茅塞顿开的兴奋，又或许是因为一位位给予我指导的数学老师。

大学师范教育的这几年，带给我的不仅是专业上的提升，更多的还是一种对教育的重新认识。我第一次知道原来课堂可以上得很有趣，原来知识的建构是有理论指导的；原来教师不是一个讲授者，而是一个引导者；原来课堂应该是学生的……那个时候的我，心里已经埋下了一颗教育的种子，憧憬着我的课堂，我的学生。

然而，在真正踏入课堂的时候我才明白，我所学的还远远无法支撑起我的理想，课堂调控、师生互动、课堂语言等都是我需要去学习的，但这一切就在我还没准备充足时就已经开始了，而我就这样匆匆忙忙地"上阵"了。

刚开始站上讲台的那段时间，我每天都在加班，每天都在思考着课该怎么上才有趣。用心准备的课堂确实受到了学生的喜爱，连带我这个老师，学生也很喜欢，也让我这个新手教师感受到了满满的成就感。然而，事与愿违的是学生的作业，实际上学生对知识的掌握情况并不好。这个时候我才意识到，课堂并不是一味地开心、热闹就可以了，数学需要学生静下心来思考、内化，课堂同样需要练习来反馈问题，学生的学习成果也需要通过作业和考试来反馈。而我们提倡的快乐教育并不是没有压力、没有负担的教育，它不等同于游戏教育、轻松教育。

陶行知先生指出："若一任学生趋乐避苦，这是哄骗小孩的糖果子，绝不是造就人才的教育。"所以真正的数学学习确实是有点苦，但我依然希望能在保证课堂教学质量的同时，尽我所能将课讲得有趣一点，在这苦味中加点甜，让学生"得学之乐而耐学之苦"。

而这一点甜，教师一般是通过评价、探究的形式来加的，这也是比较有效的方法，但除此之外，教师还可以通过哪些途径去添加这一点甜呢？

布鲁纳说过："学习的最好刺激是对教学材料的兴趣。"因此，研读教材，从教材中发现其自带的一些趣味性题目，研读这些题目，想一想怎么讲才能在发挥它的作用的同时也能更好地体现它的趣味性，让学生至少在讲这一题的时候能因为它的有趣而全心投入，从而达到教学目的。解决完怎么讲的问题之后就可以思考怎么沿用，它可不可以拓展，可不可以运用到其他知识点的题目的编排上。

总之，《数学有点苦，可以加点甜》这个课题是一个很有价值的课题，希望对这个课题有想法的教师可以一起交流与探讨。

石芽岭学校

寓情于境，激发数学思维

林丽群

《义务教育数学课程标准（2011年版）》中提出："数学教学是数学活动的教学，是师生之间、学生之间交往互动与共同发展的过程。"那么按照这一要求，教师要以学生已有的生活经验，创设生动有趣、直观形象的情境，使学生感到数学是可亲可近的，让课堂教学更贴近学生。这样，教学就会达到事半功倍的效果。

我认为情境教学在实际运用过程中主要有以下方式和途径。

一、创设生活情境，激发学习兴趣

兴趣是一种带有强烈情感色彩的欲望和意向，是形成创新动力的重要基础，是学生学习的内驱力。心理学研究表明，兴趣既是小学教学的基础，也是培养学生创新意识和创新能力的基础。创新与兴趣是紧密联系在一起的，只有对学习感兴趣后，学生才能自主地、自觉地观察、研究和探索。对小学生来说，兴趣是最好的老师，是最具推动力的一种东西。

所以，教师针对小学生的年龄特点和心理特点，在每节课的开始，都应精心设计一个生活情境，意在引起学生的注意，激起学生的学习兴趣，同时让学生真正感到数学并不是那么难，它就存在于我们周围，就在我们的日常生活之中，就在实践的过程中。我发现这样做最明显的作用是让学生马上从下课的各种情绪中，被吸引到你的情境中，快速进入课堂。

例如，这学期"小熊购物"这一课我是这样引入的：

快开学了，小熊哥儿俩想趁着最后放假的几天，做点有意义的事。他们打算去孤儿院陪陪孤儿院的孩子。去之前他们想带点礼物，零食小熊哥儿俩都爱吃，所以他们觉得孤儿院的孩子也会喜欢的，所以他们来到了超市想买些零食，我们一起去看看吧。

你看小熊想帮助孤儿院的小朋友，真棒，你们也想帮忙吗？那就帮壮壮算一算需要付多少钱吧。

其实里面有些话和课堂知识无关，但正是这些话快速地抓住了学生的视线，而且可以作为一个传播正能量的途径。

二、创设情境串，激活思维能力

情境串是我在我们工作室学到的一个词。我们教材的结构以数学活动为主线、以解决问题为框架、以数学知识的学习为载体、以探索合作为主要的学习方式，在提出问题和解决问题的过程中使学生不仅理解和掌握数学知识和方法，而且形成问题意识和解决问题的策略，改变学生的学习方式，以学生的发展为着眼点，实现数学教育的多重价值。为体现教材的特点，教参上也提出了情境串教学。

情境串教学是指在教学过程中创设一个完整的情境串，让学生在情境中发现问题、探究问题，从而培养学生的数学意识和解决问题的能力。

例如，三年级上册"买文具"中的两个问题情境，如果直接说我们来看下一个问题，学生会觉得疲惫，因此可以用情境串的方式，把两个问题情境串联起来。

你们开学了，笑笑和淘气也开学了，为了做好开学准备，今天他们来到了一个文具店，一进文具店他们就被琳琅满目的文具吸引了。

淘气买完文具，结果一回到学校就听到了一个令人伤心的消息，文具店的文具竟然降价了，所以淘气打算再去一趟文具店，看看自己究竟亏了多少钱。

在课堂教学中创设这样的故事情境，把学生的心理调节到最佳状态，触及学生想弄清事情原委的迫切愿望，激发学生创造性思维的热情和兴趣，使学生处于一种积极思维的良好状态。

三、创设游戏情境，体验成功喜悦

小学生一般都好表现，如果你让他们展示一下学会的新本领，他们的积极性会很高。如果在表现的过程中他们获得了成功，那他们以后学习的劲头就更足了。这种成功的喜悦会使他们产生更强的学习兴趣，而这种兴趣又能再次激发起他们的探究欲望，探究的成功又再次促进其兴趣的萌生，由此，形成一种良性循环。

游戏情境我主要是在练习课上应用，因为之前我就很烦恼，很多学生不喜欢练习课，上课没有积极性。因此，我想了很多方法，如评审团扮演游戏、抓星星游戏、种花游戏等。

例如，去年冬至当天的练习课，我就把抓星星游戏变成抓汤圆，其实就是当学生做对练习时，根据问题的难度，会有不同数量的汤圆掉下来，学生就可以用手去抓。那节课他们特别兴奋，都很天真，有时候问他们抓到了没有，他们还会小心翼翼地捧着说抓到了。

教师在游戏中检查学生对本段内容的掌握情况，又使学生在游戏过程中体验到了成功的喜悦，从而使他们真正体会到数学的作用，使他们产生学好数学的愿望。

总之，我觉得教学的艺术不在于传授本领，而在于激励、唤醒和鼓励。如何在课堂教学中调动起学生的积极性，使他们真正参与学习，真正体现新课程标准中所提倡的让学生在自主探索中掌握知识这一目标，还有待于教师在教学中不断摸索、不断努力！

如何让学生积极参与数学课堂教学

彭青梅

《义务教育数学课程标准（2011年版）》提出："数学教学活动应激发学生兴趣，调动学生积极性，引发学生的数学思考。"教师要鼓励学生的创造性思维；要注重培养学生良好的数学学习习惯，使学生掌握恰当的数学学习方法。可见，小学数学课堂教学中只有让学生主动参与课堂教学活动，才能使学生内在的潜能得到充分的发挥，才能把枯燥无味的数字符号变为主动有趣的数学知识，启发学生积极探索，从而树立他们学好数学的自信心，使他们养成良好的数学态度，形成正确的数学观。我认为可从以下三方面入手。

一、建立良好的师生关系，让学生敢于参与

课堂教学是师生积极参与、交流互动、共同发展的过程。有效的教学活动是学生的学与教师的教的统一。教学过程不仅仅是知识的传授过程，更是师生情感交流的过程。"亲其师，信其道"，小学生有明显的向师性。学生如果喜欢教师，也就特别喜欢教师所教的学科。正所谓，爱上一名教师就会爱上一门学科。这样，学生在课堂上就会积极思维，主动参与学习过程，学习效果便会事半功倍。民主、和谐、平等的师生关系，轻松愉快的数学课堂让学生无拘无束，学生参与的欲望、表现的激情自然会释放出来。

二、多媒体创设情境，使学生乐于参与

利用多媒体制作图文并茂、声形并茂的课件、动画，实现多种感官的有机结合，使抽象的数学知识转化为具体形象的生活事例，化难为易、化繁为简，

既能调动学生参与的积极性，又能活跃课堂气氛，提高课堂效率。例如，在教学"圆的周长"这一课时，我设计了动物们跑步比赛的动画情境：

小兔骑着三角形车轮的自行车，小猴骑着长方形车轮的自行车，小熊骑着圆形车轮的自行车，枪声响起各自向终点冲去，谁会获得本次比赛的冠军呢？

学生热情高涨地看着比赛并思考谁会最终夺冠。教师设置疑问进行新课探究环节，学生的注意力很快被吸引过来。

又如，在教学"买玩具"一课时，我是这样设计的：

把提前买好的一些文具（贴好单价）摆放在讲台上。

"今天老师是文具店老板，出售各种文具，你想买什么文具？带上你的钱（学具钱币）来老师这里付款吧，付款正确你才可以得到它们哦。"

听到教师的介绍，学生跃跃欲试，觉得既新奇又好玩。

学生在这样的活动中积极参与，积极参与并乐在其中。

三、开展丰富多彩的活动，让学生主动参与

教学中，教师要运用形式多样的教学方法，发挥教师的主导作用。教师应指导学生通过自主学习、合作学习、小组探究等活动，提高学习的主动性和自觉性。例如，在探究3的倍数的特征时，课前布置任务：借助100以内的数表，通过观察、归纳、猜想、验证的方法小组合作学习后展示，学生的想法非常丰富。其中一个小组分享：像3，6，9，12，15，18，21，24，…这样的数，各个数位上的数字加起来是3的倍数，如1+5=6，1+8=9，7+8=15，9+9=18，123的1+2+3=6，123456789的1+2+3+4+5+6+7+8+9=45，说明这些数原本就是3的倍数。

接着学生补充：像123456789这样的大数直接计算很麻烦，可以用排除法，先把3的倍数排除3、6、9，因为一个数与3的倍数相加减后除以3得出来的余数与原数直接除以3的余数相同。

又有学生补充：余下来的124578，又可以配对1+2=3，4+5=9，7+8=15，两两相加后没有剩余，得到的和是3的倍数，说明123456789就是3的倍数。此时教室里响起热烈的掌声。

接着学生补充：我发现是9的倍数的数也一定是3的倍数。

我马上反问，是这样的吗？大家验证一下……为什么？

学生补充：9是3的倍数，3的倍数再翻倍就一定是3的倍数，此时教室里掌声再次响起……

又如，在探索三角形面积时我并没有按照书本上的要求把三角形面积推导的方法讲授给学生，而是课前布置学习任务：剪一剪、拼一拼探索求三角形面积的方法，并验证你的猜想。课前8分钟左右的时间学生以小组形式相互交流自己的想法后，再分小组展示。

第一小组展示：把两个完全一样的三角形旋转其中一个角后拼成了一个平行四边形（见图1），三角形的底与平行四边形的底相同，高也相同、相等，三角形的面积是平行四边形面积的一半。所以，三角形的面积就是"底×高÷2"。

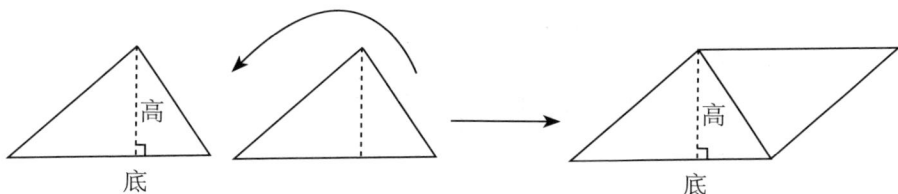

图1　计算三角形面积的方法1

教师追问：你剪的两个三角形按角分是什么三角形?

生答：锐角三角形。

教师继续提问：大家验证一下直角三角形、钝角三角形是不是也符合这样的特点？剪一剪、拼一拼验证一下……（通过验证答案是肯定的）大家还得出两个完全一样的直角三角形可以拼成一个长方形。长方形的长是三角形的底，宽是三角形的高。同样得到了三角形面积的计算方法。

第二小组补充：如图2所示，把三角形放到对应的长方形里，发现这时三角形的面积是长方形面积的一半。

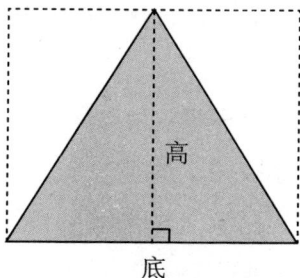

图2　计算三角形面积的方法2

153

第三小组补充：一个等腰三角形沿着底边中点剪开拼成一个长方形。同样也得到三角形面积的计算方法（见图3）。

三角形面积=长方形面积=底÷2×高=底×高÷2

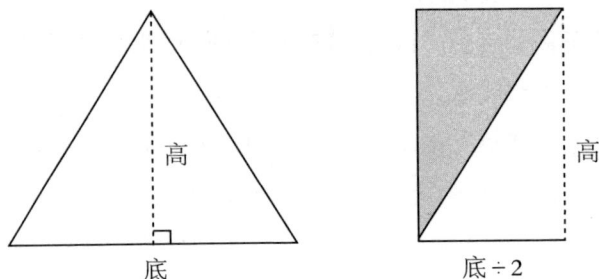

图3　计算三角形面积的方法3

第四小组补充：如图4所示，把一个三角形沿着高的一半剪下，拼成一个平行四边形。

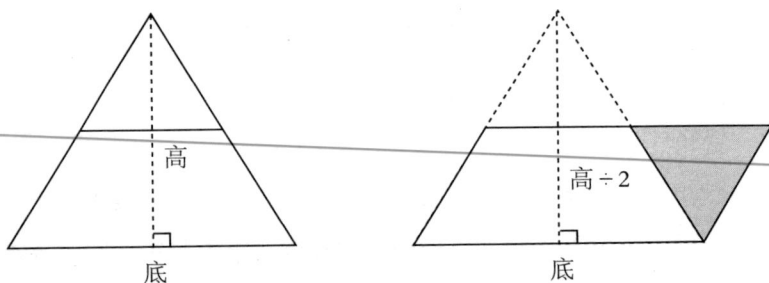

图4　计算三角形面积的方法4

三角形面积=平行四边形面积=底×（高÷2）=底×高÷2

……

学生展示的这些方法虽有局限性，我却很惊奇。他们的创造力、动手能力让我惊叹。

教师要让学生积极参与课堂教学，引导学生通过实践、思考、探索、交流等获得数学的基础知识、基本技能、基本思想、基本活动经验，促使学生主动地、富有个性地学习，不断提高学生发现问题、提出问题、分析问题和解决问题的能力，培养学生的创新精神和实践能力，培养未来真正的主人。

教育的真谛是尊重和信任

彭青梅

　　教育是一棵树摇动另一棵树，一朵云推动另一朵云，一个心灵唤醒另一个心灵。我这些年投入课改潮流，从远观、模仿到亲身实践，不断地学习，调整状态。我在遵循教育教学规律、尊重学生成长发展规律的前提下，顺应天性，促进学生的成长。这让我对生命的成长有了最直接、最清晰的认识。特别是加入石芽岭这个温暖的大家庭后，我更深刻地感受到每个石芽岭人都有高度、有温度、有情怀、有责任，大家相互鼓励、分工分明、彼此信任、合作互助，工作有序又高效。

　　先进的教育理念、教育方法时刻提醒我用一颗包容的心去对待每一个学生，用欣赏增强学生的信心，用信任树立学生的自尊，让每个学生都能够勇敢地站起来并有尊严地坐下！我感悟最深的是：在尊重生命意愿的前提下我能够发现每一个学生的闪光点！即便是那种看上去胆怯、害羞的学生都那么优秀、那么不可估量！

　　正如我班的何奕成、何奕聪同学，平时文文静静的，在学习方面也不是特别突出。有一次，美术教师布置的校庆手工作业是以班级的班花为主题，用超轻黏土做一个手工作品。这两名学生立马召集了其他几名学生放学后去自己家开始了创作。连晚饭都没有时间吃，忙碌到快10点，家庭作业也没有做。家长也着急了，正想生气，可看到完成后的作品，家长吃惊了。第二天拿来学校的时候我也被惊艳到了。作品层次分明、颜色鲜艳、制作精巧。我以此为契机，在班上重点表扬了他们，这增强了他们的自信心，也使他们对待学习的态度有了质的飞越，班级凝聚力也增强了。

给学生一个展示的舞台，勇敢的学生那种大方、自信、睿智，把我惊艳到了！每个学生都是可塑之才！每个学生在这样彼此尊重、信任的教育环境中享受着成功的快乐！这是一种美妙、神奇、有魅力的生命体验！只有不断培养学生的动手实践能力和创新精神才能培养未来真正的主人！

我也将不断学习，严格要求自己，从生命的高度用动态生成的观点看待教育教学。只有一泉活水，掌握扎实的教学知识、过硬的教学能力，用勤勉的教学态度、科学的教学方法，才能在各个方面引导和帮助每个学生，帮助他们筑梦、追梦、圆梦！

教育是心灵与心灵的服务，我将永葆我对教育事业的一份挚爱，潜心教书、真心育人，做学生心灵的守护者！相信不久的将来一定会实现我人生的教育梦！

文景小学

我们都需要榜样

——有效的角色榜样

陈裕玲

　　我们在集体中生活，而对于学生来说，班级就是一个小集体、小社会。在集体中，我们会以某方面优秀的人为榜样。确定角色榜样的能力对于所有年龄的人来说都是重要的。埃里克森著名的发展阶段理论认为，角色榜样为儿童提供了一种机制，帮他们理解他们的文化和社会。

　　教师是学生的榜样，教师对学生的影响是潜移默化的。例如，一年级刚入学时，每个班的学生都没有特定的语言或者行为习惯，在一年级的中后期，每个班渐渐开始各有各的特色。面对没有交作业的同学，甲班班干部会直接批评没有交作业的同学，而乙班班干部则会询问同学没交作业的理由，该怎么解决。小小的一件事情，不同班级的小班干部采取了截然不同的处理方式和态度，如果我们细心观察，便可以发现班干的处理方式或者语言都和该班的教师有着很大的相似之处，甚至如出一辙。所以，学生在学习知识的同时，也在学习教师的一些为人处世、语言等方面的行为方式。研究表明，幼儿（不管男孩还是女孩）都尊敬那些为他们提供帮助、温柔、热情、充满活力、工作努力、勇敢、自信、愉快且漂亮的人。这让和孩子们在一起的我们，感到责任重大。所以，作为教师，我们要严于律己，努力为学生树立一个良好的榜样。

　　榜样的力量是无穷的，更何况这个榜样是自己的老师呢？教师凡要求学生做到的，自己首先要做到。从到岗出勤到上课守时，再从设想到动手做，教师无不在勤字上下功夫、做表率。我们知道，教师权力的影响力是由社会赋予个人的，它自然对学生的影响具有一定的强迫性和不可抗拒性，而教师自身主观行为的影响力却不是社会和学校所赋予的，往往能发挥出比权力更强的约束力和感召力，从而拉近师生之间的距离，使学生少了在家长瞪目之下的被动压抑，多了对教师的敬佩和信赖，再加之融洽的交流使学生感到亲切，由此自然而然地形成班集体的凝聚力。如果我们硬性逼迫学生去打扫卫生，效果就不会很明显。我的同事也对我说，这件事情使你有了成就，所以作为教师的我要以身作则、以情感人，才能发挥好班级作用。

文景小学

学习线上优课，发展线下课堂

陈裕玲

这学期线上网络教学开展得如火如荼，本文主要分析线上优质微课的亮点和如何借助这些亮点发展我们的线下课堂。

首先，分析线上优质微课的亮点。微课利用游戏，让学生在游戏中学习，拉近教师和学生的距离。对于学生来说，颜色、声音、动作有着极大的吸引力，线上授课受时空的限制拉大了教师和学生的距离，教师也不能有效地管理学生，所以课程的吸引力就很重要。在微课中，教师创设了生动有趣的情境，用动态的画面引入内容，学生一下子就被深深吸引了，同时几乎每一课的学习都有游戏的环节。我印象很深的是五年级第一节课"折纸"，刚开始上课教师和学生玩了一个"秒杀"游戏，通过师生之间的互动发现了所给算式中有一个不同的，以此引入本课的学习。在游戏中师生是平等的，通过玩这个游戏让学生感受到教师在和他们一起学习，无形中拉近了师生之间的距离，在这个我们暂时不能相遇的春天给我们带来丝丝暖意。

其次，利用精美形象的动画巧妙地突破学习重难点。我们都知道，评价一节课优劣的一个重要指标就是本节课的重难点是否被突破。如何把握重点、突破课堂教学中的难点，是教学活动永恒的主题，教师只有把握重点、突破教学上的难点，才会扫除学生学习之路上的障碍，解除学生心理上的困惑，增强学生学好数学的信念，从而达到提高教学质量的目的。21世纪数学微课常常借助有趣的动画巧妙地突破课程学习的重难点，让人直呼过瘾。例如，在第一次教学二年级下册第一单元"租船"这一课时，我对题目中的关键词解释得并不好，"限乘4人"当时我只告诉学生这条船最多只能坐4人。而微视频中的解释更加清楚明白，"限乘4人"，意思是每条船坐1人、2人、3人、4人都可以，但不能超过4人，并通过动画的方式告诉学生超过4人船就会往下沉，给学生留下了深刻的印象。很多时候教师生硬干瘪的语言很难给学生留下深刻的印象，而有趣的动画却弥补了这个不足。

无论何时何地何种形式的教育都要发挥课堂的"主阵地"作用，微课堂不但是我们教学中很好的资源，更是我们学习和努力的方向。"如何借助这些亮点来发展我们的线下课堂"成为一个值得深思的问题。

在小学数学课堂教学中，我们可引入微课教学，激发学生的学习兴趣。例如，在线与角的教学中，教师可将生活中常见到的有关事物的"角"收集起来，以微课视频为载体，制作成小学生喜爱的动画片视频，向学生展示角的形状、角的形成、角的各部分名称、角大小的比较方法，循序渐进、层层引导，创建生动的情境，激发学生学习的欲望。

在学习中，对于较为抽象复杂的题目，学生往往难以下手，存在畏难情绪。在小学数学课堂教学中，教师可发挥微课"形象生动""直观明了"等优势，将抽象的问题具体化、形象化，化繁为简，培养学生的抽象思维，帮助学生建立初步的逻辑思维体系。例如，对于平行四边形公式的教学，教师不应直接向学生抛出"底×高"的面积公式，让学生死记硬背，机械地套用公式，而应巧用微课，以长方形面积公式为切入点，运用信息技术，将割补法灵活地向学生展示，形象直观地呈现出平行四边形转化为长方形的变化过程，引导学生推导出四边形的面积公式。

在小学数学课堂教学中，教师运用微课视频，除了能激发学生的学习兴趣，培养学生的逻辑思维，突破教学重难点，拓展课堂空间之外，还可以重建学习流程。在微课教学模式下，学生结合教师提前录制好的微课视频，或者在线辅导进行自我学习，完成"信息传递"，在课堂教学中通过师生之间、生生之间的交流沟通，共同实现"吸收内化"，重建学习流程，有的放矢，促进课堂教学成效的进一步提升。

"看日历"教学反思

陈贞红

在王文娜工作室的组织下，我们有幸观摩学习了陈佩老师关于北师大版三年级上册"看日历"这一节展示课。在陈佩老师的精心准备下，整节课自然流畅，环环相扣，学生的参与度和积极性都非常高，课堂上充满了学生的笑声与提问声，这似乎点燃了我久违的教学冲动，让听课的我备受震撼——我也想尝试上一节这样的好课。于是，我在向陈佩老师学习的基础上，结合自己的教学实际，加入自己的想法重新设计了"看日历"这节课，并进行了教学尝试。下文是我这节课主要教学环节的教学反思：

现代教育理论曾提出过"三主"观点：课堂教学应以学生的发展为主线，以学生探索性的学为主体，以教师创造性的教为主导。在课堂教学中，教师应创设一个探索性的学习情境，引导学生从多个角度、各个侧面、不同方向去思考问题，以激发学生的学习兴趣，变"要我学"为"我要学"。在本节课中，考虑到我还没有陈佩老师那么强的课堂掌控力，与陈佩老师自然的谈话引入不同，我借助"警方接到报案"这一引起学生感兴趣的情境，运用"破案"这一生动有趣的活动形式，吸引学生的注意力，引出本节课的学习课题，然后针对不同学生的心理特点进行小组合作，顺势布置了两个任务：一是观察手中的日历，把每年各月份的天数记录在表格中。二是观察日历与表格数据，小组内交流讨论：你发现了什么？小组讨论完后，请学生汇报成果。根据教学实践反馈，我发现探究性情境引入的设计极大地调动了学生参与学习的积极性，并且实践性、开放性、现实性也很强，增强了学生的数学交流，使学生认识了数学与现实生活的紧密联系，能培养学生各方面的能力。因此，这是我今后可以考虑继续尝试的课题引入方法。但是，在本环节的两个学生任务中，让学生观察记录每年各月份的天数这一任务设计并不是很理想。用薛老师的话说："这样的活动没有什么数学味。"反思后，我们认为可以把这一个只是收集信息且大部分学生都能独立完成的任务放到课前学生准备作业中，将更多的课堂时间留给学生去思考解决更有数学挑战性的问题。

教育家夸美纽斯曾说："应该用一切可能的方式把孩子们求知与求学的欲望激发起来。"我们既然处在一个大的竞争环境中，不妨也在我们的小课堂中设置一个竞争的情境。我向陈佩老师学习，有意识地在课堂上引入竞争机制。在教学实践中，我也通过"男女大作战"游戏充分调动了学生的积极性，激发了学生的探究欲望，为学生创造展示自我、表现自我的机会，促进所有学生比、学、赶、超。但是，我们认为在学生自主探究环节（你有什么方法记住大月和小月呢？）不需要为了让学生说出拳头记忆法和歌谣法这两种方法而一直在问"还有别的方法吗？"这样活动的竞争意义几乎为零，缺乏数学味，显得呆板且浪费时间，即使学生最终说出来了，也很牵强，因为它们不是学生自然生成的，虽然课本有介绍，但我们可以借助微视频等形式，只需对它们进行简单的介绍即可。

与陈佩老师课中的让学生猜生日不一样，我在新知学习后的巩固环节，为呼应课前提出的"警方破案"情节，让学生利用刚学的知识，充当"小小侦探家"，帮助警方根据找到的生日线索，锁定真正的犯罪嫌疑人。这个情节设计我认为是成功的，它不仅增添了课堂的趣味性，让学生乐学易学，还能呼应课前提出的问题，帮助学生学以致用，同时培养学生树立数学来源于生活又应用于生活的意识，增强了学生对数学知识的应用能力。

"里程表"听课反思

陈贞红

一节好的数学课一定不是简单的照本宣科。《义务教育数学课程标准（2011年版）》提倡："教科书归根结底必须由教师自主编制或对现成的教材进行再加工，这是一线教师必须拥有的权利。"我们的数学源于生活又回归于生活，这就要求我们在教学中联系学生实际和教学实际，对教材进行灵活加工处理。

在观摩学习了我校曹老师关于北师大版三年级上册"里程表（一）"的教学后，我有了一些思考。

在课本上，教材呈现的情境是"北京—西安"沿线各大站的火车里程表。在实际教学中，曹老师结合学生实际及其他班级的上课情况，将"北京—西安"沿线各大站的火车里程表换成了"深圳北—厦门"的火车里程表，我认为曹老师在这一点上就很好地落实了新课程标准提出的"教材再加工"。我们都知道里程表对学生来讲是一个全新的知识，学生首次接触，理解起来比较困难。而且，我们的学生生活在深圳，对"北京—西安"沿线各大站的火车里程表是很陌生的，直接照本宣科可能会拉开数学与生活的距离。因此，曹老师把教材提供的"北京—西安"火车里程表换成"深圳北—厦门"的火车里程表。这是一次明智有效的"加工"。

但是，我觉得曹老师的教材加工还可以再细一点。因为教材与曹老师的课中一下子展示了5个城市的里程，总体呈现的表格信息量比较大，在求"某两个城市之间有多少千米？"时，大部分学生对表中信息感到困惑，不能很好地选择有效的信息解决问题。在教学设计时，教师应该先让学生理解求两个城市之间的距离的方法，再去挑战求多个城市间任意两个城市之间的距离，所以我认为，我们可以分步教学：

第一次呈现的是"深圳北—厦门"的路线示意图及记录三个站的里程数的表格。数学信息简约明确，学生在求惠州南到汕尾这两个相邻站之间的路程的时候，能清晰地明确其中的数量关系，为接下来解决相隔两站之间的里程做铺垫。在学生对"里程"已经有了初步的理解后，第二次呈现完整的火车里程表，让学生尝试自己解决相隔两站之间的里程。有了之前的铺垫，相信学生能更好地处理表格中的各种数量关系。

下李朗小学

数学需要培养学生的个性化数学思维品质

陈少敏

数学是一门应用性非常广泛的学科。我国数学家华罗庚曾经说过："宇宙之大，粒子之微，火箭之速，化工之巧，地球之变，日用之繁，无处不用数学。"数学与国家的前途密切相关。拿破仑曾说过这样一句话："一个国家只有数学蓬勃地发展，才能展现它国力的强大。数学的发展和至善与国家繁荣昌盛密切相关。"因此，各国都非常重视数学思维的培养，我国尤甚。在各级各类比赛中，我国选手数学成绩斐然。然而真正使用数学解决世界难题，创造世界品牌的事迹少之又少。这在很大程度上受制于应试教育的选拔模式。大家为了追求考试中的"高产量"，在培养学生数学解题能力时，选择了"统一标准、统一格式"的答题模式，还往往美其名曰"避免少走弯路"，殊不知这样的流水线生产模式只会带来学生思想的统一，思维的个性化发展在很大程度上受到了限制。久而久之，学生的数学能力慢慢地便只剩下了解题能力。这是相当可怕的事情。因此，教学上教师应把培养学生的个性化思维品质作为教学的首要目标。

如何培养学生的个性化思维品质呢？工作室开展了多期期末复习要点讨论——如何提高学生的学习成绩，如何做到高效课堂……我想其最终目的都是培养学生独特的思维能力。这里，我也有自己的一点小小看法。首先，我们知道思维是人脑借助语言对客观事物的概括和间接的反应过程，是探索和发现事物内部本质联系和规律性认识的高级阶段。思维的本质有概括性、间接性、逻辑性、深刻性、灵活性、独创性、批判性、敏捷性等基本特征。那么，我想只要我们在数学课堂上多培养学生的这些思维品质，学生的个性化思维便不难挖掘。下文说说我在课堂上是如何做的。

一、尊重学生思维的灵活性

思维具有灵活性，同样的问题，不同的人思维的角度和方向是不同的。有人擅长形象思维，有人推崇逆向思维，有人喜欢演绎思维，有人常用聚合思维……思维的形式存在于学生的每一次发言、每一次解题中。在数学课上，教师应尊重学生思维的灵活性，培养学生多角度、多方法地解决问题的能力。例如，北师大六年级上册第一单元"圆的面积"有这样一道练习题：有一圆形蓄水池，它的周长约是31.4米，它的占地面积约是多少？学生的解题过程如下：

31.4÷3.14÷2=5（米）

31.4×5=157（平方米）

157÷2=78.5（平方米）

答：它的占地面积约是78.5平方米

初看这个题目，很多教师都会认为它是错的，原因是圆的面积公式是 $S=\pi r^2$，该学生的解题过程5没有加平方，因此这道题的做法是不正确的。其实不然，题目中学生采用的是"圆的面积=周长的一半×半径"的计算方法。这是教材中圆面积的推导过程：把圆沿着圆心剪开，分成若干份，拼成一个长方形。这时，长方形的长是圆周长的一半，长方形的宽是圆的半径，从而推导出圆面积公式：圆的面积=周长的一半×半径= πr^2。该题目中学生正是很好地运用了这个过程，才使计算简化。教师如不关注题目解法的多样性，便很容易出现错误。

二、培养学生思维的批判性

批判性是人脑自发揭示事物本质和规律的固有特征。学生在接受新知识时会不自觉地运用原有知识对新知识进行认知，从而判断它的合理性。但人同时又具有从众心理，当很多学生都认为正确时，有特别想法的学生其行为如果得不到肯定便很容易产生从众心理，从而使瞬间出现的想法一闪而过。因此，在数学课上，教师应注重培养学生思维的独立性，使学生不人云亦云，盲从附和。例如，北师大数学六年级上册"圆的周长"有这样一道练习题：如图1所示，从M到N有①②两条路，请问哪条路近些？

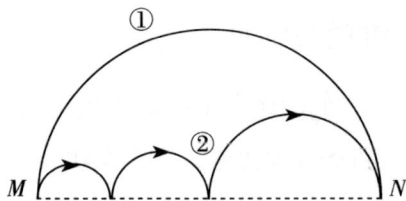

图1 对比路径

大部分学生毫不怀疑地选择了第②条路，原因是第②条路转了很多弯，看起来长一些。当一个个同学都这么认为时，班上的反对意见便越来越少，以致没有了反对意见。这种不假思索，用直观感觉判断题目答案的情况在小学生解题中屡见不鲜。数学家拉普拉斯曾说过："在数学中，我们发现真理的主要工具是归纳和模拟。"因此，作为小学教师，我们在承认从众心理存在的情况下，应注重培养学生的批判性思维能力。我们不仅应鼓励学生大胆质疑，还要培养学生养成正确的数学思维方式，即猜想—证明—得出结论的求知过程。只有这样才能真正实现学生的个性化发展。

三、挖掘学生思维的独创性

纵观历史，人类的每一次进步都是为了摆脱某种束缚而产生的。数学的进步也是如此。纳皮尔曾说过："我总是尽我的精力和才能来摆脱那种繁重而单调的计算。"我国数学家华罗庚也曾说过："新的数学方法和概念，常常比解决数学问题本身更重要。"而这些新方法、新概念都归于思维的独创性。思维的独创性是一切创新发明的由来。没有独创性，数学将止步不前。因此，教师应挖掘学生与众不同的、新颖的解题方法。例如，在学习了2和3的倍数关系后，有些学生发现了6的倍数特征是既可以被2整除又可以被3整除，即同时具备2和3的倍数特征。这是学生新的发现、新的创造。作为教师，我们应对学生思维的这种创新能力加以充分肯定，从而使学生更积极地投入创造、发明。

总之，人类的发展、社会的进步都离不开思维的不断开拓。培养学生个性化思维是势在必行的任务，作为教师，我们在关注学生思维的其他品质时，更应关注思维的灵活性、批判性和独创性，唯有这些才是学生个性化发展的前提。

寻找简约的数学美

——"平均数""平均数的再认识"执教有感

陈少敏

近些年，数学界掀起了简约热。何为简约数学呢？简约便是简单吗？非也！简约，汉语解释：简略；不详细；简省。简约是一种力求语词简洁扼要的文体风格，也是一种建筑风格，更是一种生活态度。现代人追求简约，是因为简约让人豁然开朗，更能节省时间。简约是数学最纯粹的美，是教师教学必备的绝活，是学生学好数学的妙方。下文我以教学的"平均数"及"平均数的再认识"等课说说简约数学必备的一些特点。

一、紧贴学情，让学习变得触手可得

以生为本是新课标的核心理念。《义务教育数学课程标准（2011年版）》指出："课堂教学活动必须建立在学生的认知发展水平和已有的知识经验的基础上。"这说明课前了解学生的学情是非常必要的。维果茨基的"最近发展区理论"告诉我们：跳一跳，可摘到桃子。教学应让学生触手可及。我在上2013年教育部审定北师大版本"平均数"一课时体会颇深。当时，我刚刚教过2011版北师大版六年级"平均数"一课，印象中整个小学阶段也只出现过一次。因此，备课时，我采用了以往的做法，模仿华应龙老师"以数喻人"的方法，备了很多生活中的例子，从平均数的概念、平均数的意义到平均数的应用，把平均数多方面的特征讲得淋漓尽致。我自己倍感满意，谁知学生却听得云里雾里，课堂效果不言而喻。之后，我认真查阅了资料，才知道教材已进行了改革。原来旧版本关于平均数的认识在整套教材中只出现一次，但在现行版北师大小学数学教材中却分两处出现：一是四年级下册第六单元第4课"平均数"，一是五年级下册第八单元第2课"平均数的再认识"。两节课虽然在教学目标上大同小异，都是让学生了解平均数的意义，解决一些简单的与平均数有关的实际问题，积累数据分析的活动经验，但因为学生年龄及生活经验的不同，四年级下册教学目标偏向让学生通过动手操作，学会移多补少的道理；五年级下册便是在此基础上进行拓展，与生活实际联系起来。很明显，把两个课时的内容堆在一节课讲完，并且放在一个较低的年级，这违背了学生的认知规律。它远远超过了学生接受的能力范围。我为自己没有认真研读教材而感到羞愧。这个教学经验也告诉我，数学不应该只是追求华而不实、雾里看花的东西，而应该呈现数学的简约美，让学习浅显易懂。

二、寓教于乐，让学习变得轻松有趣

数学是一门枯燥无味的学科。如何把这样一门学科上得有滋有味？我想最好的方法莫过于把数学知识融入游戏。在"平均数的再认识"一课中，为了让学生体会平均数的灵敏性，我把课本后面的一道练习题进行了改编。

原题目：淘气调查了操场上做游戏的小朋友的年龄情况：7岁，7岁，7岁，8岁，8岁，8岁，9岁，9岁。①计算这些小朋友的平均年龄。②这时，老师也加入了做游戏的队伍。他的年龄是45岁，估计并计算此时做游戏的人的平均年龄。

改编后：舞台上有9个人在进行《白雪公主》的节目表演，他们的平均年龄是11岁。猜一猜每个人的年龄可能是多少？游戏规则：①同桌两人为一组。②把你认为可能的答案写下来，有多少种写多少种；③和同桌一起验证、讨论；④每个小组要写出两种以上的方法；⑤时间2分钟。

改编后的题目和原题目数字无异，但改编前答案是唯一的，学生只需直接利用平均数的计算公式读算出来便可。改编后题目的答案有多种可能性，需要学生开动脑筋去思考。在巡视的过程中，我发现有些学生不停地去更改数字，使所有的数加起来等于99；有些学生写出了10岁、12岁、10岁、12岁、10岁、12岁、10岁、12岁、11岁这样的例子；更有学生快速地写出11岁、11岁、11岁、11岁、11岁、11岁、11岁、11岁、11岁这样的特例。这在一定程度上表明学生对平均数的概念已理解深刻。由此可见，数字出现顺序的不同，可以使题目意义变得不一样，巧妙地改变题目，可以使学生的逆向思维得到很好的发展。同时，在本题中，因为我把它变成了游戏，有规则、有奖励，这在一定程度上激发了学生的挑战热情，提高了学习的趣味性，既让学生在游戏中习得了知识，又让数学学习变得有趣、好玩。

三、梯度教学，让难题变得水到渠成

数学的枯燥在于很多知识过于抽象，讲解的难度高。为了节约时间，也为了表达不混乱，大多数知识都是直接硬生生地呈现在学生面前。这使得知识的接受过程让人感到牵强和突兀。如何让学生感受知识出现的必然性，让学生在无声无息中学到知识，这就需要教师有融解知识的能力，让一切都那么水到渠成。

例如，我在上"平均数的再认识"一课时，撇开了课本上一道道应用题出现的模式，对整节课进行了重构、串联。例如，课本第2道应用题目为："新苗杯"少儿歌手大奖赛。"新苗杯"少儿歌手大奖赛的成绩统计表见表1。

表1　"新苗杯"少儿歌手大奖赛的成绩统计表

评委 选手	评委1	评委2	评委3	评委4	评委5	平均分
选手1	92	98	94	96	100	
选手2	97	99	100	84	95	
选手3	90	98	87	85	90	

（1）请把统计表填写完整，并排出名次。

（2）在实际比赛中，通常都采取去掉一个最高分和一个最低分，然后再计算平均数的计分方法，你能说出其中的道理吗？

我把这道题提到了课的第一部分，并改编成本班学生的表演赛：

六一儿童节上，李心语和宁嘉安在表演节目，现在请你们来给他们打分。观察他们的得分情况，你认为谁会获胜呢？

在此过程中，我找出5个有代表性的分数进行分析，让学生体会到过高或过低的分数都会对平均数产生影响，让学生感受到平均数的灵敏性。

接着我把课本第1道应用题目"学龄前儿童实行免票乘车，说一说1.2米这个数据可能是如何得到的"放在课的第二部分，让学生体会在大数据下，平均数的灵敏性不起作用。

设计意图：学生对事物的认知都是由浅入深的。1.2米的乘车线是个大数据的概念，相对学生来说理解是困难的，但5个数据的分析相对学生来说却是简单的。由深入浅难，由浅入深易，因为顺序的改变，知识的难易呈梯度发展，遵循了儿童的认知规律，学生如顺水推舟，一下子便把难题掌握了。这样设计同时也避免了以往因为从平均数各个方面的特征——"公平性""极端性""填补数据的能力"……分门别类地去讲解，让学生觉得烦琐又抓不住主线。数学学习变得顺其自然，简约而不烦琐。

总之，对"平均数"和"平均数的再认识"这两节课的认真揣摩，让我对简约有了更深一层的理解。简单的数学课堂应该是遵循儿童的发展规律，应该是好玩、有趣的，应该是水到渠成不做作的。

贤义外国语学校

新教师就是要凶一点

邓敏嘉

新教师就是要凶一点，相信不少人都听过这样的话。还记得我刚实习的时候，我的师父就"告诫"我："你对学生一定要严厉一些、凶一点！现在的学生早熟，非常会看脸色，你不能对他们太温和了，这样会管不住学生的。"我点头回应着，但是看着师父圆圆的脸蛋、可爱的笑容，我在心里默默嘀咕，师父这么可爱，凶起来学生会怕吗？二年级的学生那么可爱，为什么要凶他们？我能不能既温和又让学生信服呢？实习期早早地结束了，这些问题并没有得到解答。工作的第一年，我承担了二年级两个班的数学教学工作，在教学中我发现，有时候确实需要凶一些学生才会听话。同年级的其他班主任和教师也会不时地吼几句，想让学生安静下来或者投入到学习中去。然而一件偶然发生的事情却让我有了不同的感受。

那是一次和郑同学的斗智斗勇。郑同学在平时上课时经常和同学玩耍、打闹。有一天，郑同学没完成作业，被语文教师叫到办公室补写，语文教师有事出去，让我帮忙看一下。我一边改作业，一边叮嘱郑同学抓紧时间写，在下课前要补写完。然而郑同学却好像没听见一样，身子趴在桌上，一只脚站在地上，一只脚跷起来晃呀晃，眼睛不住地四处瞄。过了一会儿又走开了，躲在办公桌前的挡板后面蹭呀蹭，一会儿又偷偷探出头来看我一下。一开始，我觉得既好气又好笑，心想这孩子怎么这么不老实。于是我叫他站到我跟前来，站好赶紧补作业。郑同学并没有挪动，只是用眼睛盯着我看。我只好假装生气，大声地让他站过来，"站好了，不许动"。这回郑同学有了反应，开始碎碎念："我不要，我不去。"看着他叛逆的样子，我突然间像被什么击中了一样，想起自己小时候也是这么叛逆，妈妈让我往东，我却一定要往西，即使自己本来就要向东走。将心比心，也许我应该换一种方式。于是我笑着对郑同学说，"作业做不完，一会儿语文老师回来要生气的哦，我们来比赛吧，我改一组作业，你做一道题，看看我们两个谁更快。如果你实在不会写，也可以问我。"就这样，郑同学好像忽然来了兴趣，慢慢地开始认真写起了作业，还不时地关心一下我改了多少作业。不会的作业也能主动问我，到下课的时候把作业基本都补完了。

这件事之后，我开始反思：新教师真的就要凶一点吗？师生在刚开始接触的时候，都在相互试探，新教师需要树立自己的威严，又没有丰富的经验和足够强大的气场，只好装作很凶的样子，让学生听话。但其实这是一种偷懒的方法，短期内见效快，长期使用不一定有效；在班集体中效果比较显著，但不加区分地放到单个学生身上就忽视了学生独特的个性。我又想起实习期间的师父，虽然她有一张娃娃脸，但更有经过岁月沉淀下来的威严，她是不怒自威的，在严格的另外一面，她非常爱学生，学生也能感受到。而我并不是严肃的性格，也许我应该正视自己的特点，正视学生集体和学生个人的特点，从这些特点出发，做一个有智慧的教师，而不是一个只会板着脸、放大音量的教师。新教师就是要凶一点？我想把这句话改一改，新教师不要过分温柔就好。

再热情一些

邓敏嘉

　　有段时间，学生上课总是蔫蔫的，好像提不起精神。一开始我还极力鼓动学生，渐渐地，我也被学生的情绪感染了，觉得有些丧气。怎么就提不起学生的劲呢？我向其他任课教师诉苦，结果得知学生最近上课都是这样，不只是在我的课堂如此，教师们都很无奈。我有些郁闷，到底该怎么办呢？后来我看了一本书，叫作《高度参与的课堂》，这不正是我需要的吗？书中提到，教师的积极态度是影响学生情感投入的重要因素。我的思绪不禁回到了大学时代，我想起了我的一位老师，想起了自己成为教师的初心。

　　这位老师是英国人，名叫Chanchal，是声音和口音训练课的老师，上过这门课的学生都极力称赞她和这门课，所以她的课是极难抢到的，选课的学生很多，但是名额很少。抱着好奇和练习英语口语的心态，我报了这门课，非常幸运地被抽中了。当我满怀期待地走进她的课堂，第一次见到她的时候，我有些惊讶。她看起来胖胖的，用时髦的话说，像一个两百斤的胖子。样貌一般，一头齐肩的卷发，穿着打扮也很平常，甚至穿得有些像村姑。看上去年纪很大了，有一些疲态，有一点严肃。我当时心想，可能外国人的审美和我们不太一样吧，我还是看看Chanchal的课上得怎么样吧。铃声响了，一切都变得不一样了。Chanchal面带微笑，热情地和我们打招呼，声音洪亮，说话抑扬顿挫，说话的同时不断地用眼神和我们交流，她的眼睛里好像有光，非常闪耀。加上英式英语本身的高昂语调，她整个人都显得神采奕奕，活力满满。我们一下子就被她吸引住了，两节课时间不知不觉就过去了，我们全程都非常享受，一点都不觉得累。

在后面的接触中，我越来越喜欢Chanchal了，她的情绪总是那么饱满，对学生永远充满热情。我有时候很好奇，她到底哪里来的那么多的能量呢？即使很累的时候去上她的课，也很难走神，而且可以在她的课上汲取能量。回想起来，我遇到过很多好老师，知性的、幽默的、温柔的……但是印象最深的还是Chanchal。大四的时候，当我走在人生的十字路口，要对未来做打算的时候，我想起了她。当教师吧，做一个像她一样的教师，给学生带去一些温暖和光，一定会是一件很幸福的事情，我希望我的学生也能像我一样幸福。

想到这些，我顿时有了很多力量。说实话，做了一段时间的教师，我也时常感到工作的辛苦，经常感到疲惫，我更懂得了Chanchal老师的不易，她的年纪比我大很多，我的精力应当比她更充沛。当学生没有精神的时候，我不能被带跑，而应该带着更饱满的情绪到课堂中去，用自己的情绪去感染学生，让学生体会到我的激情，感受到我的能量，从我的热情和专注中汲取能量。我知道该怎么做了。

信义实验小学

"萌芽"的我

秦潘利

转眼间，踏上工作岗位已经5年了，在这5年中我对教师的岗位有了深刻的认识。回想起刚毕业时各种投简历，找工作，一个暑假都因为工作的事情在奔波。最终被信义小学留下来，才让我有机会当一名人民教师。我很珍惜这份工作，也在刚开始工作的时候暗暗鼓励自己，一定要做一名合格、优秀的教师。作为一名新教师，又是一名班主任，在这一年的工作中，我收获了很多，有经验，有教训，有挫折，有喜悦。

记得刚开学，没有教育经验和管理经验的我，一脸茫然，面对刚升入的三（1）班的学生，我心急如焚，顿时压力倍增。班主任事情很多，班级卫生、学习、习惯、纪律、安全、思想品德教育、和家长的关系及交流，都是我要管理的范围，我觉得压力很大，然而学生那一双双炙热的眼睛和一张张可爱的笑脸，给了我莫大的鼓励。

在学校领导和众多教师的帮助下，我渐渐适应了班级环境和学校环境。开始我每天都早早来到班级管理纪律，慢慢发现学生对我已经有了依赖感。我在班级时他们很安静，只要我离开一分钟他们就开始说话，这让我很苦恼。后来，当学生在课堂上捣乱时，我怒不可遏，都会狠狠地教训他们，甚至暴跳如雷，慢慢发现学生和我没有刚开始的亲近感了，这让我很失落。偶然的一次看书，让我看到了苏霍姆林斯基说的这句话："只有那些始终不忘记自己也曾是一个孩子的人，才能成为真正的老师。"于是我就开始询问其他班主任的管理技巧，结合班级情况一直在不断地改正。这学期比上学期各方面都明显好转，但还有一些问题需要处理和改进。现在的我不再像以前那样直接禁止和训斥学生，而是进行换位思考，慢慢地我发现他们又开始喜欢我了，我这一年来可以说痛苦并幸福着。

接下来谈谈我的教学工作，之前实习的时候也代过三个月的课，因此对讲台并不陌生，但是仍然很紧张，怕自己教不好。作为一名数学教师，如果自己的思路不清楚，怎样教学生？各种令人提心吊胆的事情出现，正在担心时刻，学校领导给我们这批新教师每人找了一个师父。师父们带领我们进行教学工作，并且听新教师的课，了解我们的教学功底，制订更适合我们成长的帮扶计划。在第一次公开见面课的时候，出现了很多问题，我这才发现有些重难点没有把握好，教学技巧方面也存在很多不足的地方。于是我就每周多听我师父讲的课，再自己备课，给学生上课，突然发现这样轻松了很多。加上师父也会不断地听我的课，指出我课中的不足，让我每次讲课都有不同程度的提高。我会很积极地参与数学科组组织的活动，学习其他教师的长处，看他们在实际教学中是如何上课，如何处理问题，如何与学生进行交流的，我积累着自己的教学经验。一年来我不断学习，不断地和同年级教师讨论课本上的难点，不断地反思自己的教学设计和教学思路。这一年来师父及各位教师对我的帮助，让我成长更快。

作为班主任又带两个班数学的我，在大家的帮助下，懂得了许多：其实教师引导学生成长的过程也是教师自我成长的过程。我不知道以后我会不会很优秀，但是我会负责、认真，把我的一颗爱心撒向每一个学生，让他们在爱中成长，在快乐中学习。

信义实验小学

让学生爱上"自主学习"

秦潘利

走上教学岗位五年的教师，我每天面对一群活泼好学的孩子，心里总是满心欢喜的，总想把最全面的知识不遗余力地教给他们，期待他们都能学会并取得优异的成绩。但是，我深深地明白，我不能一味地做一个知识的"灌输者"，师者乃是学生的引导者，学生自己才是学习的主人。

学生不是知识的容器，作为教师我们不能一味地牵着学生往前走，而是要充分发挥他们学习的积极性，引导学生自己独立发现问题，提出问题，并慢慢培养学生解决问题的能力。这样学生才会发现学习的乐趣，获得自信心的提升。在教学过程中如何培养学生自主学习的能力，对于我这个新教师来说是一个十分重要的课题。我会不断探索、学习。

现阶段我就自己的一些教学方法与大家共勉。

一、创设情境，激发兴趣

中国有"知之者不如好之者，好之者不如乐知者"的古话。俄国文学家乌申斯基也说过："没有任何兴趣而被迫进行学习，会扼杀学生掌握知识的意愿。"可见，兴趣对学生来说是多么重要。因此，在学生学习的任何阶段，作为教师，我们都需要培养他们的学习兴趣，如营造愉快的学习氛围，恰当地提问诱导，适时地表扬与鼓励，等等。这些都是培养学生兴趣的好方法。

课堂上，教师与学生的交流当然是最多的，在传授知识的时候，我们不妨设立一些问题情境：先提出一些处于学生思维发展水平（最近发展区）的问题，让学生感到可望又可及，从而刺激学生的求知欲望；这个时候再加入一些分组的讨论活动，或者引入一些与实际生活息息相关的小例子，不仅能拓宽学生的思路，而且能让学生体会到学习与生活的联系。

二、采取多样形式，加强学法指导

小学生年龄小，自制力差，学习过程中注意力不集中，这是小学阶段学生比较普遍的问题。所以在教学过程中，我们更要想尽办法，吸引学生听课的注意力。新颖多样的教学方法尤为重要。

（1）教师要善于把抽象的概念具体化，深奥的道理形象化，枯燥的事物趣味化，尽可能让学生感觉到新奇，富有新鲜感和吸引力，为学生从"要我学"变成"我要学"提供物质内容和推动力，让学生在不知不觉之中掌握学习方法。学生都是有灵性的孩子，他们一旦掌握了正确的学习方法，就如同找到了一把打开智慧大门的钥匙。当然，在学生掌握了学习方法之后，教师也要多做观察和引导，让他们的学习方法更行之有效。

（2）教学内容与生活实际密切相关，可以让学生明了各种学法的运用范围，使学生在特定的学习情境中选择有效的学习方法进行学习，让学生觉得生活中处处有数学，数学问题可以多方面解决。这样学生学起来也会更有亲切感和真实感，从而进一步激发学习的兴趣。

（3）通过学法指导的加强来诱发学生的学习兴趣。教师对学生学习方法指导的一个关键是引导学生回顾自己的学习过程。在教学过程中，教师往往满足于学生的正确答案，导致一部分已经学会的学生失去了学习的兴趣。其实那些学生知其然却不知其所以然。这次知道，下次不一定能答对，所以教师应当不失时机地启发学生：你为什么这样做？你这样做每一步的意思是什么？你的思考过程是怎样的？这样不仅让学生的兴趣增强，还能帮助学生巩固学习方法。

三、让学生树立信心，愉悦学习

当学生通过自己的努力解决了问题的时候，他们会感受到通过自己的努力而获得成功，会对数学产生更强的学习兴趣。教师的责任就在于多鼓励、多帮助、多点拨学生，这样有利于学生对知识的进一步理解。当学生独立探索新知的时候，教师要注意多鼓励，如"你一定能解决这个问题""你一定能行"等；当学生在学习过程中遇到困难的时候，特别是一些后进生，教师一定要注

信义实验小学

185

意给予及时的指导，让他们也能很快掌握知识。这样各种层次的学生都可以体会到成功的喜悦，能够更好地促进学生学习，学生也能够更加主动地学习。

总之，要使课堂气氛活跃，焕发生机，就要从培养学生的学习兴趣入手，让他们自主学习。教师应科学地设计教学过程，让学生在快乐中学习，从而实现学生"要我学"到"我要学"的转变，让数学成为学生自觉追求的东西。

一颗闪亮的星

田 俊

    新学期，我接手了一个新的班级，听说这个班有个赵同学很特殊，大脑发育迟缓，注意力有障碍，他五岁的时候，只能说简单的词语，并且不太会和人交往。上课的时候，他有时会在教室的地板上爬来爬去，偶尔还会突然跑出教室。这样的学生我该怎样去帮助他呢？

    第一节课安排座位的时候，我就留意到了他，他长得很清秀，个子明显比同班同学要矮小，虽然现在上五年级了，看起来倒更像是二年级的学生，其他孩子能够根据教师的指令按个子高矮排队，而他在队伍里面蹦蹦跳跳的，时不时拉扯一下身边的同学，引得同学又向我投诉，明显不合群。因为我知道他有先天性疾病，心里反而更爱怜他，所以我特别把他安排到我们班第一排旁边的位置，方便我精心照顾。

一、正面引导：一封表扬信

    这个班是我接手的新班级，和学生还处于磨合期，上数学课时，我感到学习氛围比较沉闷，积极举手发言的学生就那么几个。赵同学更是基本不听课，手里总是玩着一些小东西，彩色的皮筋、橡皮泥、小卡片，有时自己在书上乱涂乱画。这种状态让我深感焦虑，必须尽快调动学生的积极性，帮助他逐渐养成积极的思考习惯。

    我思来想去，想到了开展小组竞赛。我给每位小组长发了一张计分表，如果学生在数学课堂上积极发言，无论是提出数学问题，或者是解决了数学问题，组长都为这位学生加1分，每周进行一次小结，累计达到10分，就可以领到一封表扬信。一个星期过去了，只有三位学生领到了表扬信，我将这三位领到表扬信的学生照片发到了家长群里，称赞他们是我班数学学习的积极分子，并鼓励其他学生也要努力，下周争取也能领到表扬信。第二周就有十几位学生领到了表扬信，平时的数学课堂上不时可以听到争论的声音，有的学生要表达不同的观点，有的学生要在其他同学发言的基础上进行补充。

周五上完数学课，小结后再次下发表扬信。课间时，那位赵同学突然跑到我身边，拉住我的胳膊，大声跟我说："老师，我也要表扬信！"

"想拿表扬信，要靠你自己来争取。你留意听老师上课时讲的内容，如果有会的，就要举手，老师会优先提问你，怎么样？"赵同学想了一会儿，像听懂了似的点点头。我很开心，赵同学也在积极争取拿表扬信，其他学生心里应该也很在意吧！

以后的数学课，赵同学仍然会玩玩听听，有时我会故意设置比较简单的问题，提问的时候刻意走到他身边，将问题再重复一遍想让他听清楚。偶尔他也会举手回答，有时答错，有时答对，慢慢地，他也有了一些分数的积累。当他有9分的时候，我特意提醒他：

"赵同学，还差一分，你就可以拿表扬信了，加油啊！"他咧开小嘴冲我笑。

第二天，数学课课前3分钟预备时间，学生在读知识清单，那位赵同学手里却拿着一本课外书翻来翻去。我轻轻地走到赵同学旁边提示他要做好课前准备，并小声地跟他说："别忘了我们的约定哦。"他好像突然想起了什么，脸上绽开了天真的笑容。课堂上我故意设置了比较简单的问题："最小的质数是几？"

果然看到赵同学高高地举起了小手，我马上请他回答。

"最小的质数是2！"他自信满满地回答。

"完全正确，请组长给赵同学加一分。赵同学听课越来越认真了，并且能够清晰准确地回答老师提出的问题。老师为你点赞！"

那一周小结的时候，赵同学如愿领到了表扬信，在拍照的时候，他那灿烂的笑容印在我的脑海里。

二、积极暗示：最具潜力的牛娃

五年级数学第一单元的内容是小数除法，学完这个单元的内容进行计算专项测评的时候，学生计算中存在的问题一下子就暴露出来了，有的学生计算速度慢，考试时间到了，题目一半都没有完成；有的学生算理不清晰，乱点小数点。而那位赵同学连乘法都不会算。我想给赵同学的妈妈打个电话告知她孩子的学习情况，请她配合进行辅导，可是电话没人接。我又在QQ上给她留言，他妈妈也没回。

放学后，我把赵同学留下来，单独给他讲小数乘法的算法，他不停地说："真是太难了，太难了！"

我把瘦小的他拥在怀里，安慰他："这个内容刚学的时候是有点难，等你听明白了，会做了，就不难了。老师会一直陪着你。"

讲了两遍，他终于算对了一道题。我很开心，奖了他一颗酸酸甜甜的话梅糖。

"这是对你努力克服学习困难的奖励！"

他把糖放在嘴里，对我略带羞涩地笑着说："老师，这糖真好吃。"接下来，我又把几个计算基础比较弱的学生家长组了一个群，取名为"最具潜力的牛娃"。我想有的家长比较敏感，突然建一个群让他们加入，又都是班里数学成绩不太好的，会不会误会我对他们的孩子另眼相看，而取名为"最具潜力的牛娃"，至少表明我对这些孩子是满怀期待的，是有信心帮助他们进行提升的。群建好了，我每天给学生布置10道计算题，针对计算中的易错点进行练习，并请家长把学生完成后的作业发到这个群里。我会针对学生做题的情况进行点评，做得好的，就会在群里面大力表扬，做错的地方指出错误的原因，普遍的错题，我会用微课的形式录制正确的计算方法发到群里，供学生学习，订正错误。

除了赵同学，其他几个学生的家长基本上比较配合，通常会把学生的作业按时发上来。经过一段时间的针对性练习，有的学生克服了对计算题的畏难情绪，有的学生掌握了计算的方法，成绩均有不同程度的提升。赵同学的家长很少在群里面发孩子的作业，不知是工作忙，还是长期照顾这样特殊的孩子，让家长有点心灰意冷。得不到家长的配合，我只好在放学后经常留赵同学进行辅导。有时他不愿意留下来，趁我送路队的时候，就悄悄地溜走了。后来他发现我的办公室里有很多好吃的，便留下来辅导，每次做对了题目，都会得到意想不到的小食品的奖励。有我的鼓励加上小食品的诱惑，他逐渐能留下来愉快地学习了。

三、高度评价：一颗闪亮的星

时间过得很快，转眼就到期中考试了。考前，我特别叮嘱赵同学："要把所有的计算题尽量做对，其他题目也要认真对待，争取全部做完，老师相信你一定会比之前有进步！"

"考得好，有奖品吗？"赵同学期待地问道。

"有，老师会为每位进步的同学准备进步笔，只有进步的同学才可以得到这个奖励！"赵同学冲我重重地点了点头。

期中考试成绩出来了，赵同学居然及格了，这可是破天荒的事情，因为从上一年级开始，他就是班里那个很少及格的学生。我也惊喜万分，在他的试卷上工工整整地写下评语：一颗闪亮的星！

当天晚上，赵同学的妈妈在QQ上给我留言了："从没看过孩子这么认真清楚地写试卷，肯定是您的鼓励起了作用。孩子回来说您在班里表扬他是一颗闪亮的星，感谢老师您这么别出心裁的表扬与鼓励。"那个对我爱理不理的家长终于有了回应，我心里暗自窃喜。

后来开家长会的时候，赵同学的妈妈也来了。家长会后第二天，她还将家长会上语、数、英老师的发言整理成提纲，通过QQ发给我看。我知道时间证明了我坚守的价值。

雅斯贝尔斯曾经说过，"教育的本质意味着：一棵树摇动另一棵树，一朵云推动另一朵云，一个灵魂唤醒另一个灵魂。"在我们的教育生涯中，难免会遇到这样那样特殊的学生，这些学生就像发育不良的小树，需要更多的阳光和雨露，他们的出现，也正是考验教师爱心和智慧的时候，感谢他们的存在，是他们迫使教师用更多的爱心和智慧来应对与众不同的他们）。他们的成长和进步何尝不是我们的一次成长和修行呢？

在体验中建构　在活动中生长

——以"分数再认识（一）"教学为例

田 俊

荷兰数学家弗赖登塔尔提出"学一个活动最好的方法是做"，通过"做"让学生进行"再创造"，从而获得知识，形成素养。我认为，在教学中，创设情境，开展教学活动，让学生在活动中提出问题，通过独立思考或合作交流的方式解决问题，能实现知识的再生长，提升思维高度。下文以"分数再认识（一）"为例，让我们感受一下在活动中实现知识再生长的过程。

在三年级的学习中，学生已经结合情境和直观操作，初步理解了分数的意义，能认、读、写简单的分数，会计算简单的同分母分数加减法，能初步运用分数表示一些事物，解决简单的实际问题。这节课通过创设情境，组织活动，让学生体会到一个分数所对应的"整体"不同，所表示的具体数量也不同，丰富了学生对分数的认识，使学生进一步理解了分数的意义。

【教学片段】

一、激趣导入，引出课题

本节课老师给同学们带来一个谜语，看老师的动作猜一个分数，想好的就举手示意我（把一张红纸对折，沿折痕剪开）。

师：谁猜出来了？

生：二分之一。

师：猜对了，谁来说说二分之一表示什么？

191

生：把一张纸分成两份，其中的一份用二分之一表示。

师：如果老师将纸分得一部分大，一部分小，还能用二分之一表示吗？

生：不能，没有平均分。

师：谁能用完整的话说一说二分之一表示什么？

生：把一张纸平均分成两份，其中的一份用二分之一表示。

师：你还能举出几个分数的例子吗？

生：……

师：这样的例子还有很多很多。上这节课之前大家对分数已经有了一定的了解，今天让我们再次探访分数这位老朋友，相信你们对分数会有更新的发现。

[出示课题：分数再认识（一）。]

思考：

用猜谜语的活动形式导入，将学生的注意力瞬间集中起来；复习分数的意义，唤醒旧知。

二、活动体验，形成概念

活动一：智慧宫里的发现

1. 在活动中建构分数的意义

师：让我们一起去美丽的分数乐园，感受分数的魅力。看看到了哪里？

生：智慧宫。

师：首先见到的分数朋友是四分之三，四分之三表示什么？请用你喜欢的方式表示四分之三。

学生两人一组，合作交流，完成创作。

师：谁来展示一下自己表示的四分之三？

生1：我把一个正方形平均分成4份，取其中的3份。

生2：把四个三角形平均分成4份，取其中的3份，就是三个三角形。

生3：把8个苹果平均分成4份，一份是2个，三份是6个。

生4：把12个草莓平均分成4份，一份是3个，三份是9个。

生5：为什么我画的四分之三，比同学们画的多？

生6：因为你画了12个草莓，平均分成4份，3份当然比别人的多了。

师（对生5）：你同意吗？

生5：同意。

……

师：我们用这么多的方法来表示四分之三，谁来说一说，这些四分之三有什么不同？

生：可以把一个物体拿来平均分，也可以把许多物体放在一起平均分。

师：为什么四分之三的个数不一样呢？

生1：我知道，因为整体的个数不一样。

生2：整体多，四分之三的个数就多。

思考：

学生在三年级下册已经学过了把一个物体平均分成若干份，用分数表示这样的一份或几份，这节课再认识就是把一个整体延伸为多个物体、多组物体。学生通过画图展示作品，并在交流的过程中丰富了对"一个整体"的认识，重新建构了分数的意义。

2. 在游戏中深化对分数的认识

摸糖果游戏：

一名学生从一号盒里拿出3颗糖果，第二名学生从二号盒里拿出4颗糖果。

师：两名同学都拿出了所有糖果的二分之一，为什么拿出来的数量不一样？

学生：因为总数不一样。

师：第一个盒子里面有几颗糖果？第二个盒子里面有几颗？

生：第一个盒子里面有6颗糖果，第二个盒子里面有8颗。

师：你有什么发现？

生：一个分数整体不同，所表示的二分之一也不同。

思考：

开展"摸糖果"的游戏，学生在开开心心参与游戏的过程中体会到摸出糖果的数量不同，是因为盒子里糖果的总数不同。直观操作的形式从学生已有的生活经验和已有的知识出发，把学生对分数模糊的经验抽象成理论知识。

活动二：阅览室里的思考

在智慧宫里，大家积极思考，增长了知识，接下来让我们一起去参观阅览室。

淘气和笑笑都是爱阅读的小朋友。淘气和笑笑各看了一本故事书的三分之一，他们看得一样多吗？为什么？（淘气看的书总页数多，笑笑看的书总页数少）

生：不一样，因为一个分数整体不同，所表示的具体数量也不同。

师：如果两人看的书是一样的，都看了书的三分之一，他们看得一样多吗？为什么？

生：是一样的。同样的书，它的三分之一的页数也相等。

师：你能用一句话总结你的发现吗？

生：一个分数整体相同，所表示的具体数量也相同。

思考：

通过比较所看故事书的页数，学生体会到看的页数可能相同，也可能不同，这是因为两本故事书的总页数可能相同，也可能不同。

活动三：美术馆里的体验

画一画，一个图形的四分之一是 ▢▢，画出这个图形。

学生在练习纸上画，然后展示学生的作品。

师：你发现了什么？

生：这些图形都是由8个正方形组成的，不过形状不同。

思考：

"画一画"是借助直观图形，给出分数的部分，让学生还原出整体，既加深了学生对分数的理解，又有利于发展学生的空间想象能力。

【教学思考】

一、在活动中成长

学生的头脑不是一个被填满的容器，而是需要被点燃的火把。教师的作用在于唤醒，用自己的语言激发学生学习的兴趣，把课上得生动有趣。本节课就从猜谜语入手，引出分数二分之一；复习分数的旧知，让学生感知分数的产生、读法，同时作为新知识的生长点，为后面进一步拓展分数的意义奠定基础。

二、在活动中建构

在分数的初步认识中，学生感知的整体"1"是一个物体、一个图形，再认识这节课中，我设计了用学生喜欢的方式表示四分之三这个体验活动，同桌两人合作完成，再全班学生交流。在交流的过程中就出现了用4个三角形、8个苹果、12个草莓等表示整体"1"的情况，将整体"1"的内涵进行拓展，让学生知道整体"1"不仅表示一个，也可以表示由多个事物组成的整体。

三、在活动中拓展

《义务教育数学课程标准（2011年版）》中指出：数学教育要面向全体，实现不同的人在数学上有不同的发展。教师通过组织各种教学实践活动，使全体学生始终积极主动参与整个学习活动，让学生在动脑思考、合作学习的过程中掌握知识、发展思维、提高能力。教师在课堂中开展了一系列的活动，如"摸糖果""比一比""画一画"等，学生积极参与，不断提出新的发现，深刻理解了同一个分数整体不同，所表示的具体数量也不同。

纵观整节课，以参观分数乐园为主线，在智慧宫、阅览室、美术馆的各个环节中，学生都充满期待，积极发现问题并解决问题，在课堂上呈现自主探索、乐学善思等场景，令人欣喜，也让我深刻体验了龙岗区教研员薛石锋老师在讲座中阐述的一句名言："把课堂还给学生，学生会还给你一份惊喜！"

参考文献：

［1］中华人民共和国教育部.义务教育数学课程标准（2011年版）［M］.北京：北京师范大学出版社，2012.

［2］李林芳.让思考在数学活动中产生［J］.小学数学教师，2016（6）：39-41.

［3］夏文月.让儿童成为自由的探究者——"分数的初步认识（二）"教学实录［J］.小学数学教师，2016（10）：23-27.

信义实验小学

用心对待每一个孩子

谢燕玲

班主任的工作是非常繁杂而琐碎的，我们面对的不仅仅是几十个单纯的孩子，更是几十个有着不同想法的学生，作为一名初入职的小学数学教师兼班主任，我不是在学习中，就是在学习的路上。在过去的一年里，我非常感谢一路带领我前行的师父，在教学中我或许没有很多的体会，但是作为班主任，我却有很多感慨。

作为教师的我们应该都有这样一种感觉，班级里总有几个调皮捣蛋的学生，爱惹是生非，不积极参与班级活动，成绩也不突出，总是不被人提起，提起也是因为犯错了挨批评。刚接手的这个班级，有这样一位学生，就称他为A同学吧，他上课注意力不集中，下课在走廊上跑来跑去，和同学打闹，超级爱哭，班级同学也不喜欢他，甚至因为他爱哭还欺负他，很多课任教师也不爱搭理A同学，因为他老是在课堂上大哭大闹，在A同学身上好像找不到任何闪光点。学生家长曾向我反馈，一年级没有时间管孩子，习惯什么的都没有养成，导致现在孩子在学校老是捣乱，问起A同学班里谁是他的好朋友，他却回答他的好朋友还是在幼儿园一起玩的朋友，家长也非常难过。面对这样的情况，我不知所措，也很心疼A同学。刚开学的一次体育课，班上几名学生匆匆忙忙跑到我办公室说，A同学又哭了，体育教师喊我过去了解下情况。我过去的时候他就在一旁号啕大哭。据了解，无非就是小孩打打闹闹，闹着闹着又哭上了，A同学哭起来就听不进别人的话，一哭就停不下来，我就把他单独带到班级里休息，等他哭累了停下来我再问他原因，原来是他跟同学开玩笑，先动手惹了别人，别人当真了就打了他一下，他就哭了。当时我就只是简单安慰了他，也没有处理这件事。后来就经常出现这样的情况，他在别的科任教师的课堂上也大哭大闹，起初我想着能让他停下来不哭就好了，然而却没有从根本上解决问题。

　　于是我就去请教资质比较深的班主任，像这种情况该如何处理。他说："是个人都会犯错，你不要纠结于到底是谁对谁错，谁先动的手，孩子就是怕大人责罚才不敢承认错误，而且小孩子也是有心的，有自己的想法，你要用心去跟他交流，处理事情不是让这件事停止就结束了，而是让这种事不再发生才是真正的结束。"听了这个建议以后，我就更关注A同学了。课堂上、课下，我都会多关注他几分，上其他课我也会去教室走动走动，观察他在干什么，课间偶尔还会与他交谈。我发现他其实并不是一个那么让人讨厌的孩子，他说他也不想哭，可就是控制不住自己，也控制不住自己不乱跑，在家还有妹妹，他在家经常照顾妹妹，他也想交好朋友。对于刚上二年级的小学生来说，自制力还是很弱的，我也很想帮助他，刚开始我教了他如何控制自己不掉眼泪，并且告诉他如果在班上有人欺负他了，或者他自己犯错了，要主动告诉我，我也不会急于责罚他，会倾听他的感受，做他的朋友。因为他从来没获得过老师的奖品，我就与他约定，每天都有一点点进步，我就会奖励他一朵红花，达到多少数量的时候，他就可以来我这里兑换奖品。在这之后的一段时间里，A同学从每天一哭的频率降到了一个星期哭一次，再到一个月哭一次，到现在已经不是那个爱哭的小男孩了。在课堂上我也会多给他发言的机会，在班里鼓励他。

　　有一次，班级一起去秋游，A同学说他在班里没有好朋友，他不知道跟谁坐一起，我安排他跟同学坐一起，却都被拒绝了。看到这样的情景，我也很难过，就让他跟我坐在了一起，发现他也不跟别的同学一起玩，他说他一跟别的同学玩就会打架，我鼓励他并带着他一起跟同学玩，帮他们拍照，他们玩得很开心。秋游结束后，A同学的家长还发微信说："孩子今天说这次秋游他很开心！"在过去的一年，A同学不论在成绩上还是在生活上都有了很大的进步，不仅获得了我的奖品，还靠自己的努力拿到了奖状，也改掉了很多坏习惯。

　　其实，每个学生都是一个可塑的整体，特别是小学阶段的学生，不能因为他们经常犯错，就将他们定义为学困生。洛克把人的心灵比喻成一块白板，非常形象！没有谁生下来就是完美无缺的，只要你用心去对待身边的孩子，孩子的心灵就会如春天般灿烂！

布吉阳光小学

关注教学细节，提高教学效率

李慧慧

教学细节往往反映了教师的教学水平，折射出教师的教学思想，表达着教师的教学风格，体现出一位教师的实力和功力。细节虽小，却决定着教学的成败，细节决定着课堂效率与质量。关注细节，其实就是关注新课程标准的理念是否落实到位，就是关注教学行为能否根据新课程标准的要求重新塑造。

一、关注教材细节，让课堂充满灵性

教材是由细节构成的，把握细节就是解读教材的钥匙。解读教材就是要明确编者意图，准确定位教学目标，充分发挥教材资源的价值。怎样解读教材？要做到通读和精读。通读就是了解这一课时内容在本册教材、本单元的作用与地位，从而确定它的教学目标和教学重难点。精读就是针对教材的情境图、例题的呈现、每一句话仔细地推敲与揣摩，为灵活使用教材做好充分的准备。

例如，在一年级的"多一些　少一些　多得多　少得多"这节课上，教材的情境是两个学生做游戏，一个学生来猜，情境图是静态的，不能很好地调动学生的学习欲望。在集体备课中，教师就抓住了这个细节，把情境改换成师生互动的教学活动，教师出示一罐幸运星，让观察得最仔细的学生左右手分别来抓，然后让全班同学来猜。这个细节的设计源于上课时教师对教材的深层解读，使情境一下子活了起来，不仅激发了学生的学习兴趣，而且使学生的猜测数据生成了新的教学资源。

又如，在二年级"2的乘法口诀"这节课上，教材创设了"摆筷子"的情境，引导学生通过对学具的实际操作，探索筷子的"双"数与筷子的"根"数的对应关系，为编制2的乘法口诀做准备。教材创设该情境的出发点是现在大部分学生平时很少做家务，为了渗透思想品德教育而选取生活素材从而引导学生探究新知。于是，在执教这一课时，我便借此情境进行了一次传统文化知识的拓展，把我国的"筷子文化"绘声绘色地讲给学生听，学生既感受了筷子文化的源远流长，也感受到了中国历史的博大精深，进而对本课的学习更加充满期待，学习的兴趣自然被调动起来。变被动接受为主动探究，是低年级学生构建新知的关键所在，这样的新课导入远比只利用教材现有的情境进行教学更有价值，也让我们的数学课堂融合了多学科知识，学生既学会了新知又拓宽了视野，使我们的课堂更加灵动。

　　一个小的创意，一次细节的关注，一点钻研的精神，便能收获一个意想不到的效果与课堂的精彩呈现。关注教材的每一个细节，是我们教师在备课的过程中必不可少的一个举动。

二、关注课堂生成的细节，让课堂充满智慧

　　课堂教学是人的教学，人是活泼的、开放的、有差异的，教师必须用动态生成的观念来调控教学。在课堂教学中，教师要及时抓"彩"，根据学生思维动态转化生成的过程来开发学生的创新潜能，从而绽放教学精彩。

　　例如，在上六年级"圆柱的体积"一节课时，我出了这样一道题：圆柱体的侧面积是301.44平方分米，底面半径为2分米，求圆柱的体积。按常规思路先求高：301.44÷（2×3.14×2）=24（分米），再求体积：$3.14×2^2×24=301.44$（立方分米）。而学生却列式：301.44÷2×2=301.44（立方分米）。起先我愣了一下，但马上请他说说理由。尽管他没怎么说清楚，但我却听懂了。原来他是活用了圆柱体公式的推导过程，将拼成的直立的长方体横放。此时底面的面积是圆柱体侧面积的一半，高是圆柱的半径，所以圆柱的体积是侧面积的一半乘以底面的半径。在这里，学生就是运用已有的知识和经验，以敏锐的观察力和迅速的判断力，对问题做出合理的假设，才得以更加简捷、明了地解决问题，这就是学生"直觉"思维的体现。

　　又如，我在五年级教学分数的意义时，发现学生对这样的一道题尤为害怕：3米钢材重4千克，每米钢材重多少千克？每千克钢材长多少米？无论教师怎样帮学生从分数的意义出发进行理解，学生都会出错。但在一次数学辅导的

时候，有位学生采用的"简便"方法触动了我。她采用的方法主要包括三点：一看问题有没有单位；二找"每"字，"每"字后面的那个单位量就做除数（分母）；三是用多少后面的单位量÷"每"字后面的那个单位量。虽然她说不出其中的道理，但从快速解题的角度来说绝大部分学生用她的方法就能做对，我不能否认她给了我教学的灵感。

三、关注小组合作的细节，让课堂更具实效性

在课堂教学中，学生的主体地位是不可动摇的。合作学习能发挥出学生在课堂中的主体作用，能促进学生活泼、主动全面地发展。但在教学过程中，我们不能只把注意力放在合作学习的总体框架上，而是应该充分注重合作学习的细节，细节的精彩更能体现合作学习的实效，更显合作学习的价值，更显学生的主体性。

例如，在科组的教研课中，当教师请出一位学生比身高，学生用今天所学的多一些、少一些、多得多、少得多来说一句话，当学生说老师比××高了的时候，教师只是纠正了高了应该是高一些，就让学生找身边的例子在组内用多一些、少一些、多得多、少得多来说一句话。当教师让学生在全班中交流时，学生说得不够完整。教师的确是在课堂教学中运用了合作学习这种方式，可是细观教学细节，却发现进入小组讨论有点草率，之前教师没有完整地把这句话进行示范，并没带着学生说两个完整的句子，使得合作学习的质量下降。

在推进的课堂教学中，教师从课一开始就带着学生用"谁比谁多一些"这样的句式反复练习，进入小组交流时，学生自然能既活跃又完整地进行数学语言表达。

但愿所有的数学教师都能在教学中从大处着眼，从小处入手，关注教学细节，使我们的数学课堂教学更精致，更和谐，更有实效，从而大大提高课堂教学的效率。

后进生的春天

李慧慧

作为教师，每次接到一个新的班级，总会碰到几位"顽固"分子，无论你是苦口婆心还是横眉冷对，无论你是春风化雨，还是雷霆万钧，尔等似乎依然岿然不动。这些学生也就成了教师眼中的后进生。曾经的我除了"恨铁不成钢"的焦虑以外，只剩下叹息和无奈了。

以前教过的小D就是这样的学生，他的确顽皮，甚至有些顽劣，就算12点上学，他也会迟到几分钟，的确没心没肺，丢三落四对他来说是司空见惯的事。曾经，我的耐心在一次次的失望中丧失殆尽。面对学生和科任教师的投诉，我除了呵斥和大声训诫，以解心头之不快之外，别无他法。以至于后来我每次找他，他竟能猜出我要说的话来，然后一副无辜的样子。渐渐地，我看不到他知识面有多广了，看不到他多么爱读书了，看不到他发言有多么精彩了。

一次，班级开展"编辑数学报"的综合实践活动，知识面广、电脑水平不错的小D自然成了所在小组的主编。小报编好了，要在学校图书室打印，星期三放学后，其他几个主编都因为家离学校较远，被父母接回家了。小D主动承担起了三个小组的数学报打印任务。在同学和我质疑的目光中，小D揣着三个U盘，兴致勃勃地去文印室打印去了。

直到快6点了，小D才拿着两本打印好的小报，有些沮丧地回到教室，告诉我，他自己编的那本，由于排版的格式问题打不了。我的心头立刻掠过一丝不快：这小子，是不是又骗我，是不是根本没有编好呢？聪明的小D大概读懂了我的表情，连忙说："老师，我今天晚上编好，明天打出来。"说完，就背着书包匆匆走了。

　　第二天早晨，英语教师兴冲冲地告诉我："李老师，你要表扬一下小D。昨天他在文印室打印数学报，彩色打印速度很慢，我正好在文印室打试卷，我让他回去，我帮他打印好就行了。可是他坚决地说，答应老师和同学的任务一定要完成好。坚持打好了才走。"听了英语老师的话，我一愣，是呀，已经不记得有多久没有表扬过小D了，人是需要肯定的，更何况一个十来岁的孩子。

　　在上数学课前，我让学生回到座位上坐好，然后郑重地说道："今天，我要表扬小D同学……"小D听了，露出诧异的神色，立刻整个人都显得激动起来，脸涨得通红。在我的带动下，全班学生为小D送去了热烈的掌声。

　　掌声刚落，小D所在的小组长就过来报告："小D昨天的数学家庭作业没做。"我第一次没有把小D喊到我的办公桌前"训话"，而是走到他身边，轻轻地告诉他："今后一定要完成好作业，抽空把预习作业补上。"小D不好意思地笑了笑，立刻拿出作业本认真地做了起来。

　　下午，语文教师也兴奋地告诉我，小D今天得表现非常好，在课堂上发言很积极，作业也完成得很好。

　　尽管小D身上还有许多这样或那样的缺点，可当我们改变对他的态度后，我意外地发现，他身上的缺点似乎越来越少了，而优点似乎越来越多了。几天来，小D再也没有迟到过。小D在我对他的态度改变中，发生着变化。

　　由此，我感悟到，孩子像小苗一样都需要阳光雨露的滋养，每个孩子心里都有一片芳草地，我们多给他们一些阳光雨露，他们的春天就能早日到来。

　　又是一个星期四的下午，几节课下来，我已有些疲惫。放学铃响过不久，班上几个可爱的学生又早早地站在了我办公室门口，看着学生那追求进步的眼神，我又开始了一周一次的辅导。做完作业，学生都静静地排着队送给我批改。一个本子递了过来，娟秀的字迹，让我有些惊异。我转过头去一看，更诧异了。背后站着的是班级学习态度最不认真的小C。我向她投去疑惑的目光，问了句："是你写的吗？"内向的小C腼腆地笑了笑，小声说："是我写的。"眼神中闪过一丝自豪，又不好意思地低下了头。我为我刚才的唐突有些不安，接着轻轻拍了拍小C的肩膀，激动地说："这真是你写的！写得太好了！简直和以前的小C判若两人，如果你能坚持以这样认真的态度对待学习，你一定会很棒的！"很少听到老师赞扬的小C显然有些意外，也难掩喜悦，脸竟涨得通红，拿着我奖励给她的一颗糖，一蹦一跳地回座位订正了。

没想到第二天，小C就给了我更大的惊喜。批改时，我习惯性地把班级中几个平时写得潦草、不认真的学生的作业放在最后改。当我最后一个翻开小C的作业本时，我看到了另一个小C，毫不夸张地说，简直就像是打印机打印出来的一样，每个字都写得那么美观、那么匀称。再看看答题情况，那个平时应用题都空着不做的小C这次竟然全做对了。这还是我印象中的那个小C吗？是什么使她前后判若两人呢？我陷入了思考。

　　那天的自修课，开始讲评练习前，我打开了班级的投影仪，故意拿出两本练习册，放在投影旁。我先翻开小C以前做的作业放在投影仪上，学生看了，开始小声议论起来，分明有人说"写得太差了""字像鸡爪似的，太难看了"，有的学生开始交头接耳，有的学生则用目光寻找那个就要"倒霉"的家伙。我装作没听见，悄悄地将小C的练习册翻到第九课，学生看了，都一起发出惊叹，快嘴的L忍不住说："一定是H同学的。"在同学们齐刷刷地将钦羡的目光投向班级书写最工整的H同学时，我揭开了谜底，将目光转向坐在前排的小C，说："你们肯定没想到吧，刚才给同学们看的作业竟出自一个人之手！"听我这么一说，学生的目光立刻转移到了我身上。"你们一定想知道这个人是谁吧。告诉你们——她就是我们的小C同学！请同学们把最热烈的掌声送给不断追求进步的小C同学！"教室里响起了热烈而持久的掌声。接着，我充满期待地望着小C，说："小C，你看你完全可以成为H同学的，不，你完全可以成为最最优秀的小C，老师相信你！你一定会做得更好！"掌声和表扬对于这个各科成绩都滞后的学生来说大概是久违了，我第一次在课堂上看到她笑了，尽管还是那么腼腆，可她笑得自信、笑得从容。

　　从那以后，小C的作业态度变了，不仅字迹工工整整，正确率也大大提高。每次批改作业，我总是第一个把小C的作业找出来，第一个批改。批改小C的作业成了我的期待。当我发现她有懈怠的苗头时，就不失时机地写上几句鼓励的话。

　　其实每个孩子心中都有一个春天，就像大自然，北方的春天比南方要来得晚一些，而北方的春天虽然晚，却更浓烈、更炫目、更灿烂。后进生的春天，更需要阳光与雨露，更需要耐心与期许。当我们将更多的期许给予这些学生时，他们的春天可能会来得更早些，也会更加浓烈些。

一个都不能少

——记在线教学"作业管理"妙招

李慧慧

在特殊时期，我们开展网上教学既是对学生学习习惯的考验，也是对教师教学管理能力的挑战。教师经常吐槽"学生作业不提交，错题不订正，反复提醒却置若罔闻……"一来二去，原本和谐的师生关系、亲子关系、家校关系出现了"危机"，一边是家长"身心俱疲"，另一边是教师"叫苦不迭"！

确实，在线教学的学科知识学习固然重要，但没有一个好的管理机制为网课保驾护航，教学效果难以保证，学生学习兴趣的丧失更是令人担忧。依然记得2月17日网课开始阶段，龙岗区CCTalk平台推出的涉及多学科、多维度的精品课程吸引着学生每天都按时听课。在线教学时间一再延长，家长的焦虑、学生的疲态也逐渐加深。如何改变这一现状，成了我们考虑的首要问题。"激励机制"是学科教学管理的一大妙招！它不是一句"你真棒"，也不是"送你一朵小红花"这种浅显的表扬，而应该是由一个个短效激励多次叠加而成的长效激励制度，从而形成一股积极向上的风气，形成"你追我赶"的学习风气。我借助一张简单的学习评价表，很好地达成了这一目标。

一、初建目标，榜上有名

网课伊始，我根据二年级学生的心理特点，就地取材，用几张A3纸拼接，制作了一张作业榜，用铅笔写上全班学生的姓名，把每天提交作业又对又快、书写工整的作业，用记"正"字的方法，对每位学生的作业进行评价。凡被评选为优秀作业的学生，其名字后面便记上"正"字的一笔。同时，把上榜学生的名字，由铅笔描写成黑水笔，做一个"变色"处理。此举看似平常，实则蕴含深意，一个小小的"变色"是对学生做出努力取得进步的一种肯定，更是对还没有付诸行动的学生的一个督促和提醒。每天课后拍照上传公布优秀榜单，在班上掀起了一股积极向上的学习风气。"榜上有名"也成了学生的目标。及时公布优秀榜单，家长也更好地了解到孩子的表现。此激励举措初见成效。

二、形成目标，你追我赶

随着越来越多的学生"榜上有名"，新目标也悄然而生——赶超他人"正"字笔画记录。个个比优秀、人人争更好，学生都想在班级优秀作业榜上成为那颗最耀眼的"星星"。于是，借着这股"你追我赶"的东风，我又设立了一个新目标——争当优秀作业"周冠军"。每周优秀作业"正"字笔画最多的学生便是当周的"周冠军"，并用粉色荧光笔圈出来，每周一直播课前，给周冠军云颁奖，复课兑换奖品。这样，每个周一的直播课也成了学生最盼望的一节课。那是班上最激动人心的时刻，学生都盼着老师揭晓答案，自己到底是不是本周的"周冠军"，这次如果不是，下周能不能当选，"周冠军"成了学生不断追求的目标。"评选周冠军"活动大大激发了学生的学习积极性，充分调动了学生能动性。这一"妙招"又见效了！

更令我欣喜的是：孩子们的作业书写越来越规范了，作业错题也逐渐减少，及时订正错题的学习习惯也慢慢养成，变"要我学"为"我要学"的状态在班上初步形成。记得有两次我因琐事耽搁了，没能马上批改学生提交的作业并评选出优秀作业。学生打电话来询问情况，这使我既高兴又紧张，高兴学生学习的主动，紧张的是，每次课后，都要放下所有事情，盯着手机，批改作业，丝毫不敢怠慢。自那以后，线上教学期间，我对作业批改评价从不敢懈怠，都是直播一结束，只要有人提交我便马上批改反馈。教师率先垂范，学生热情高涨。我所任教的班级，学生每日作业提交率都是100%。对于个别学习困难的学生，如果有哪一次作业没有订正，我会在榜单上用红笔打上问号，并在学生订正合格后把合格时间记录在问号下方，公布时既让学生感受到每一位学生的每一次作业老师都时刻关注着，也让家长们及时掌握学生的学习情况，配合跟进，形成家校合力，真正做到不放过一道错题，不漏掉一个学生，人人都是教师眼中那颗不断发光的星星，在优秀作业榜单上熠熠生辉。

三、巩固目标，习惯内化

中小学复课，学生返回校园，网课期间的评价机制也该做个小结了，第一节课自然少不了对前期学习状态的表彰。在表彰会上，学生虽然都戴着口罩，却依然难掩他们激动的心情，目光中透着期盼，都希望在这节不同寻常的表彰会上成为"万众瞩目"的进步之星。表彰会看似对学生前期学习状态的总结，实则是在班上树立榜样，为学生后续学习注入新的动力，不断地激励学生，使其良好的学习习惯逐渐巩固内化。根据马斯洛需求层次理论，学生从尊重与被尊重的层面逐渐发展上升为自我价值的实现这一最高境界，终身受益。

一份"五颜六色"的优秀作业榜单记录着在线教学期间学生的学习成长轨迹。在这份记录单上，每位学生成长的点滴都跃然纸上，每位学生都是一个独立的生命个体，每位学生都在原有的基础上有各自不同的提高。不让任何一个学生掉队，应该是我们师者所追求与崇尚的理念。正是因为有这样的理念指引，我们才会把学科教学管理做得更加细致，更加顺应学生身心发展规律，成效更好。让我们做一个有心人，在我们的精心培育下，每一个学生都能提高兴趣、增强信心、快乐学习。

小学数学的教学情境设计

陶玫蓉

    小学低年级到中年级的学生更多地关注"有趣、好玩、新奇"的事物。因此，学习素材的选取与呈现及学习活动的安排都应当充分考虑学生的实际生活背景和趣味性，使他们感觉到学习数学是一件有意思的事情，从而愿意接近数学。而创设故事化情境就是一种非常适合低年级学生的形式。把教材中的一幅幅画面所反映的问题情境编成简短的小故事，使学生产生身临其境的感受，增加了课堂教学的趣味性，能够有效地调动学生的学习积极性，使学生全身心地投入学习活动。

    数学的知识、思想和方法必须由学生在现实的数学实践活动中理解和掌握，而不是单纯地依赖教师的讲解获得。在课堂教学中，教师把问题情境活动化，就是让学生投身到问题情境中活动，使学生在口说、手做、耳听、眼看、脑想的过程中，学习知识，增长智慧，提高能力。这不仅有利于保证学生在学习中的主体地位，而且有利于促进学生从动作思维向具体的形象思维过渡。学生通过积极参与数学活动，经历了观察分类—形成表象的过程，加深了对不同形状物体的认识。

    数学源于生活，服务于生活。把数学问题生活化，可以让学生从直接的生活经验与背景中亲身体验情境中的问题，不仅有利于学生理解情境中的数学问题，而且有利于学生体验生活中的数学是无处不在的，培养学生的观察能力和初步解决实际问题的能力。

    小学中高年级的学生开始对"有用""有挑战性"的数学更感兴趣。所以我们在创设情境时更应关注学生的数学思考，设法给学生经历"做数学"的机会，让他们在开放性、探究性的问题中表现自我、发展自我，从而感到数学学习是很重要的活动，并且初步形成我能够而且应当学会数学地思考。

合理有效地创设生活教学情境，可以使数学课堂教学更接近现实生活，使学生身临其境，加强感知，突出重点，突破难点，激发思维，轻松地接受新知识。同时，数学课堂教学情境创设的效能主要是引趣、激疑和诱思。虽然说"兴趣是最好的老师"，但数学学习仅凭兴趣是远远不够的。为此，课堂教学的情境创设不仅要以真实性为情境创设的基本前提（这是情境创设的本质保证），还要以发展性作为情境创设的价值导向，让数学课堂教学在适度改变其枯燥乏味面孔的同时，引导学生最终折服并受益于数学的理性思维。

自理自立的小学生

陶玫蓉

一滴水能折射出太阳的光辉，一件小事能反映出一个人的素质。生活自理能力是孩子在日常生活中照料自己生活的自我服务的能力。简单地说，生活自理能力就是自我服务，自己照顾自己，它是一个人应该具备的最基本的生活技能。生活自理能力包括自己穿脱衣服、鞋袜，收拾整理衣服，独立进餐，自己洗脸和洗脚，鞋带松了要自己系，下雨了要自己打伞，平时自己背书包上学，自己整理书包，会保管自己的学习用品，天气热了知道脱衣服，天气冷了知道自己加衣服，有自我保护的意识和能力，等等。著名教育家陈鹤琴先生提出："凡是儿童自己能做的，应当让他自己做。"而我的学生因他们的年龄比较小（只不过是一群6或7岁的娃娃），他们有的不会系鞋带儿，有的不会整理书包，有的不会帮妈妈做家务，甚至有的小学生连大衣的拉链都不会拉。

现代社会日新月异、高速发展，这就需要高素质、高能力的人才，它要求人的独立性。但如今我们的下一代生活自理能力极度缺乏，在现实生活中，许多家长都非常重视孩子的智力教育，望子成龙心切，却往往忽视了对孩子的生活自理能力的培养。我国目前独生子女较多，对孩子溺爱的家庭又占大多数，因而使得小学生的生活自理能力普遍下降。有的低年级的小学生不会自己穿衣服，鞋带松了也不会自己系。小学生缺乏生活自理的能力，阻碍了他们学习和行为习惯的形成，也造成了他们缺乏自信心。如此现状，培养学生生活自理能力确实迫在眉睫。小学低年级是义务教育的基础阶段，是一个人成长的关键时期。因此，加强低年级学生生活自理教育，培养他们的生活自理能力，让他们以正确的心态去认识和面对生活中的风风雨雨，是任重而道远的。

开学伊始，学校为了以干净整洁的面貌迎接新学期的到来，组织各年级学生做好本班教室卫生，结果有好几位学生家长主动加入扫除队伍。刚开始我还很感动，认为家长非常支持学校的工作。可后来通过交谈才了解到原来这些家长是怕自己的孩子累着，又怕不让孩子参加卫生扫除会给新班主任留下不好的印象，所以采取了这种折中的办法，由自己代劳，真是"可怜天下父母心"啊！父母疼爱孩子本无可厚非，可是殊不知对孩子过分的溺爱往往带给孩子的是一种伤害。

如今的家庭构成大多是四老二青一小，孩子成了每个家庭的核心，是家长的掌中之宝。家长事事代办，亲力亲为，唯恐孩子受委屈，长此以往，这些孩子长大以后连自己照顾自己都将成为问题，又怎能指望他们去照顾别人，更谈不上为祖国、为社会做出更大的贡献。所以培养孩子的生活自理自立能力是每位学生家长和教师，特别是小学教师的当务之急。如何培养学生的自理自立能力，我就自己多年工作的经验，总结出以下几点方法。

俗话说得好："授之以鱼，不如授之以渔。"渔即捕鱼的方法。把鱼给他们不如教给他们捕鱼的方法，只有这样才有吃不尽的鱼，他们才不至于饿死。

例如，在小学一年级的课本上有一篇课文叫《小白兔和小灰兔》，这篇课文大多数与我同龄的人小时候也学过：小白兔和小灰兔帮助老山羊收完白菜，老山羊送给它们一些白菜，小灰兔收下了白菜，没过多长时间就吃完了，又去找老山羊要；小白兔不要白菜，却找老山羊要了一些菜籽自己学着种白菜，结果收了许多白菜。

这篇文章的结尾告诉学生一个道理：只有自己种，才有吃不完的菜。这句话和这篇文章所阐述的道理是相同的，只有教给学生一些基本的生活技能，使他们在离开家长的时候具备独立生活的能力，他们才能够挑战未来。

又如，一年级课改教材中有一篇课文的题目是《胖乎乎的小手》，讲的是一个名叫兰兰的小女孩用自己胖乎乎的小手为家里的每一个人做一些力所能及的事情，家里人都喜欢这双胖乎乎的小手。在学习这一课时，我不仅按教学大纲的要求引导学生读文、识字、写字，而且在此基础上努力挖掘课文中蕴含的德育因素，开展了一系列活动，如说说你用胖乎乎的小手为家里人做过哪些事情；谈一谈你还想用胖乎乎的小手为家里人做哪些事情；议一议你打算怎样做这些事情。同时，我还设计了一张表格名为"我有一双＿＿＿的手"，调查每位学生的一日生活情况并在此基础上评选我班的自理星。通过这些活动，很多学生学会了关心他人，主动帮助家长做一些力所能及的事情。一些家长在给我的活动反馈表中都写道：感谢老师，因为您不但教给孩子知识，还引导孩子帮家长做一些事情，使我们看到孩子一天天懂事了，作为家长我们感到非常高兴。

教给小学生技巧，增强自理能力。要让学生做到生活自理，必须让其明确生活自理的方法。学生没学会系鞋带的方法，就谈不上系鞋带；学生不会洗脸，就谈不上把脸洗干净；学生不会整理书包，就谈不上将书包整理好。也就是说，即使学生有了自理意识，如果缺乏自理的技巧，就是想做也做不好。所以，我们还要让学生学会具体的生活自理方法。

学生缺乏生活自理能力，很大程度上是家长的过度溺爱和"全方位包揽"造成的。家庭教育对孩子的影响非常深远。培养学生的生活自理能力，需要学校与家长密切配合，让学生在学校所学能在家中得到延伸，因为家里才是学生施展"才能"的最好"阵地"。只有家长明白了这个道理，才能在家庭教育中注重对孩子这方面的培养教育。从教育学的角度来讲，教育应是全方位的、多角度的。只有得到家庭教育的配合、支持，才会形成一股强大的教育合力，达到整体教育效应，从而取得事半功倍的教育效果。

首先，教师应从正面引导，以增强学生独立自主的意识。转变学生依赖父母的思想，增强学生生活自理的意识是关键。教师可通过编儿歌、故事会、讨论、交流等多种方式，增强学生对生活自理能力的认识。

其次，树立典型进行榜样教育。心理学研究表明，榜样对儿童行为的形成和改变有显著影响。给学生树立榜样，能加深其对生活自理的认识，有利于增强学生信心，激起其内在的上进热情，进而转化学生。当然，榜样作用的形成是一个长期的过程。因此，在进行榜样教育时，教师不能只是说教，重于言表，流于形式，而要尽可能从学生身边找榜样，使榜样可亲可敬，而不会使学生有高不可攀，似空中楼阁的感觉，从而达到榜样的激励作用。我班有一个叫刘鑫的学生，因为理解能力差在学习上落后于其他同学，经常受到别人的嘲笑，自卑感很强。正赶上学校提倡节约能源，要求每班设立能源节约监督员，我就把这个工作交给了他，让他负责关教室灯管，做到人在灯亮，人走灯灭。虽然这是一件很不起眼的小事，可刘鑫却做得非常认真，使我班在节约能源方面受到学校的好评。我在班里表扬了刘鑫，同学们也对他刮目相看。

从此以后他越来越乐于为班集体服务，他的自信心不断增强，学习上也有了很大的进步。

最后，开展活动巩固学生行为。技能的形成是一个反复的过程，因此要注意以后的巩固练习。教师应经常督促、检查、提醒学生，使学生良好的习惯得到不断强化，逐步变成自觉行为。同时，教师可以在班内举行"自己的事情自己做"和"我是小巧手"等比赛活动。

自理自立能力是一种意志力，是自尊、自爱、自重的表现，它能使我们顺利通过一个个岔路口，并始终沿着正确的方向前进；自理自立能力不仅仅是学生在成长道路上的其中一项能力，以此为例，我清楚地了解了学生的心理健康养成教育是如何重要，这是一项非常复杂的心理素质教育。而把握学生最佳的教育和引导时机，将使学生受益终身。很难说以上几种方法最适合某种情况，但必须坚信，一方面，站在学生的立场，靠教师深入、了解学生，不断探索、总结；另一方面，家人的支持鼓励对孩子自理自立能力教育非常重要。只有两者结合，才能取得更好的效果。

布吉街道中心小学

从独立测量圆的周长说起

刘子豪

　　今天是开学的第二周，学生通过一个星期的调整之后，慢慢进入了学习的状态。今天，我安排了"圆的周长"的学习，在第一课时的教学中，我想让学生自己动手去测量圆的周长，然后对比它和直径，通过体验式的学习来增强学生对于知识的接受能力。

　　在课堂上，开始一切都是以我的预设在进行教学。从生活实际入手，讲到了车轮的周长的测量方法，其中的核心就是"化曲为直"。当时我就观察到，有部分学生已经在提前测量准备好的圆的周长了，我以为学生都掌握了这方面的技能了，因此测量方法我就没有深入地讲解。

　　到了课中阶段，我安排了一个测量活动：测量圆的周长和直径，计算周长和直径的比值。在我巡视的过程中，我发现部分学生就是看着自己的测量工具，完全一动不动地坐在那里，直到我走上前去，提醒了才会动手。然而好不容易动手了，我又发现这些学生测量的方法误差很大。简而言之，学生摆弄绳子的时候手指不够灵活，我就上前手把手地教他们测量，教他们记录圆的周长和直径。巡视一圈过后，大部分学生还是能够完成这个测量活动的。但课下我有几点想和大家分享：

　　第一，教师在备课的时候要充分考虑每个学生的个体差异。采用体验式的学习方法，是想让学生经历知识形成的过程，加深学生对知识的理解。在设计活动的时候，我认为拿着一根绳子绕圆一周应该是一件不难的事情，结果有些学生的精细动作还有待加强。除了测量方面，少部分学生在计算小数除法的时候，计算遇到困难，这也提醒我，在六年级的教学中，可以适当地带领学生复习一些以前的内容，为后面的总复习打下基础。

第二，细化学生自主学习的要求，避免路径依赖。课后，我发现自己在课上还有一点做得不够好，那就是学生在进行测量活动的时候，没有详细地提出要求，对学生的引导不够，导致一部分学生出现手足无措的情况。其实就算是六年级的学生，对于自主学习还是掌握得不够好，我觉得下次授课我应该做好充分的准备，给学生做详细的示范，再让学生自己动手，这样的自主学习才能让学生学到东西，而不是流于形式。

这次的授课让我意识到不少的问题，我会在日后的常规教学中不断改进，每节课后都养成反思的习惯，让自己不断成长。

布吉街道中心小学

线上教学感悟

刘子豪

2020年庚子鼠年，是一个特殊时期，突如其来的通知打乱了所有人的生活节奏。开学变得遥遥无期，学生的学习受到了严重干扰，在校共同学习只能成为我们的奢望。然而方法总比困难多，在现代多媒体教学手段的帮助下，我们利用网络平台，为学生搭起了一座知识的桥梁，让学生即使待在家里也能学到知识。三个月的网课生涯，我俨然成了一名网络直播，天天等在网上和学生见面。现以自己的亲身经历，和大家分享我的感悟，谈谈线上教学的优势与不足。

一、线上教学的优势

1. 线上教学不受地域限制

并不是所有的学生都待在深圳。我们只需要利用网络，借助智能手机、平板、电脑等，就可以轻松听到教师的课程。如果因为一些特殊情况，今天没有听到教师的授课，还可以利用回看功能进行学习，或者知识点没有完全理解的学生，点开回放继续学习，遇到不懂的题目可以反复观看，随时暂停，这在平时的线下教学中是很难做到的。学生的注意力是有时间限制的，一走神，教师的重难点就过去了，加之课下不好意思找教师询问，这个知识点相当于没有掌握，但是线上教学形成的视频学生按自己的需求随时学习，达到不断巩固的效果。

2. 线上教学可以用到的教育资源更加多样

为了更好地完成线上教学任务，很多教师都制作了微课、短视频、PPT等进行教学，加上他们的无私奉献，很多教师都可以用到这些资源。那时候，国

218

家和地方还专门组织了名校的教师进行录课，让大家参考。当时我在准备新课的时候，听着这些优秀教师的课，认真去观摩学习，他们在教学中的精美设计，重难点的突破，对我都产生了很大的影响，让我意识到自己还要不断地学习，不断提高教学水平，让自己变得更优秀。

二、线上教学的不足

当然了，对线上教学不足的地方我也深有体会，下面与大家一起分享一下。

1. 课堂管理不方便

课堂管理是授课中非常重要的一环，也是提升教学效率的基础。但正在网上进行授课，我没有办法很好地观察到学生的一举一动，到底什么时候我该停下，什么时候可以继续往下讲我很难把握。线上教学减轻了教师的授课负担，但是缺乏和学生的互动，让课堂有时候变成了教师的一言堂。唯一的调节课堂的方法就是提问学生，让他们把答案写出来，然后表扬他们，让他们知道老师是在关注他们的学习的。更糟糕的是，网课养成的一些不好的习惯，回到线下教学的时候，部分学生是坐不住的，他们太久没有锻炼自己的注意力，成绩自然也没有起色，这都让我头疼不已。

2. 教师的示范性缺失

作为一名数学教师，很多知识点是需要一步一步给学生演算的。可能有人会说可以用PPT代替，但是如果学生能够知道教师每一步是怎么演算的，然后让学生自己再演算，让学生经历了知识形成的过程，这种学习方式无疑更加高效。到了作业批改的时候，在电脑上不方便进行批注，这对于学生的指导也是不够的。

总而言之，这次的线上教学对我来说也是一个全新的尝试，让我意识到自己有很多的不足。我也会借助线上教学的契机，多多利用网络和多媒体技术来辅助自身的教学，让自己不断成长，让自己变得更加优秀。

布吉街道中心小学

关爱每一位学生

许晓洁

　　爱是一种情感力量，教育的本质追求就是"关爱学生"；教育最重要的任务是塑造美好人性，培养美好的人格，使学生拥有美好的人生。

　　对学生来说，爱是阳光，给优秀的学生关心和鼓励，可以促使其上进。其实，后进生更需要关爱。社交方式多样化，特殊时期学生宅家上网课并不会完全切断我们的社交生活。2020年4月份看到学生外婆发了一条孙女住院的朋友圈，作为科任教师的我第一时间微信通话，关心问候，了解情况，并安慰学生好好休息日后再补课和作业。随心的关心问候让一个原本害怕数学的后进生在开学后成绩突飞猛进，可能就是一句爱的言语化作了学生学习的内驱力。

　　爱学生就要关心、了解学生。苏霍姆林斯基说："尽可能深入了解每个学生的精神世界——这就是教师的首条金科玉律。"父母是孩子的第一任老师，并不是每个孩子都那么幸运有温馨的家庭和善于教育的父母。有段时间，班里某个学生多次上课没交作业，家长的电话也经常打不通，有一天终于打通了，了解到该学生是单亲家庭，爸爸是快递员，非常忙碌，反映了孩子情况后便挂断了。第二天听学生家长说该学生大半夜被父亲暴打了一顿，他们住隔壁都听得很清楚。了解了情况后的当天晚上，我在家长下班时再次打电话和家长交流教育方式，期望改善亲子关系，也和该学生聊了一段时间，希望他能懂事点，体谅父亲的艰辛和不易。此后一段时间，该学生学习变得积极上进，在家也会帮忙做家务，家长百忙之中打电话来感谢我的用心。

学生需要爱，教育呼唤爱。爱像一团火，能点燃学生心头的希望之苗；爱像一把钥匙，能打开学生心头的智慧之门；爱是洒满学生心灵的阳光，能驱散每一片阴霾，照亮每一个角落，融化每一块寒冰。愿每一位教师不仅有爱，而且善于爱。

作业是提高教学质量的法宝

许晓洁

2020年春节寒假，为了积极落实"停课不停学"的要求，作为教师的我们要积极行动，精心准备，切实做好学生线上学习的指导工作。

在传统教学模式中，书面作业是最主要的巩固新知和检测当天学习内容的最佳方式。每天的数学作业主要以《知识与能力训练》和课本为主，必要时会布置家长自行购买《口算速算》辅助提高学生的计算能力。此次网络教学对学生书面作业批改评讲和考试安排带来了很大的挑战，而数学很多知识概念对于三年级的小学生来说比较陌生抽象，如学到面积单位时，如果仅仅完成书面作业会让很多学生对单位面积大小的概念没法深入理解，因此我额外布置了制作1平方厘米、1平方分米、1平方米的正方形并测量家里客厅、卧室面积大小的作业，让他们通过实物大小，更具体形象地理解掌握这节课的概念和重难点。

时代的变迁让我们的教育有了更多的选择，对于数学作业也不再局限于书面形式，有了社会各类教育机构的参与，数学也可以布置线上作业，像口算题、计算题和选择题，为了更好、更快、更便捷地统计班级学生情况，我每周会固定一天进行计算选择题竞赛，让学生在科技产品的推动下更积极、高效地得到锻炼。

远程学习考验着不自觉又无人监管的学生，这部分学生习惯于偷懒钻空子，浑水摸鱼甚至"人间蒸发"。这对教师教育教学管理带来了极大的挑战。因此，我给学生限制了每天交作业的时间，一个个学生、一份份作业查看批改，及时发现没交和乱交、乱写的、微信、QQ及时通知家长，并在第二天网课前点名通报，取消抽奖的机会。对于有三次以上此类情况的学生逐一打电话家访，了解学生的家庭情况。

　　作业是巩固知识、形成技能的重要过程，是反思和改进教学的重要依据。数学教学中不能把课堂作业当成一个简单的、任务式的程序，它是教学中一个重要的环节，数学中许多概念、性质、定理、运算法则等，只有认真完成课堂作业，学生才能及时领会当堂课所学的新知识、重难点，何况课堂作业能及时地反映学生理解、认识的真正轨迹。这是来自学生学习情况的第一手资料，是活生生的，也是非常珍贵的，这些信息对教学非常重要。总之，课堂作业利用得好，对于提高教育教学质量，提升学生综合素质有着重要的意义。